闽台婚育文化大观

莆田篇

壶兰花烛

林靖 卢晨 ◎ 著

中国人口出版社
China Population Publishing House
全国百佳出版社

图书在版编目（CIP）数据

壶兰花烛／林靖，卢晨著．—北京：中国人口出版社，2012.3
（闽台婚育文化大观．莆田篇）
ISBN 978－7－5101－1112－9

Ⅰ．①壶… Ⅱ．①林…②卢… Ⅲ．①婚姻—风俗习惯—莆田市②生育—风俗习惯—莆田市 Ⅳ．①K892.2

中国版本图书馆 CIP 数据核字（2012）第 045958 号

闽台婚育文化大观·莆田篇

壶兰花烛

出版发行	中国人口出版社
印　　刷	北京和谐彩色印刷有限公司
开　　本	787 毫米 × 1092 毫米 1/16
印　　张	6.125
字　　数	100 千
版　　次	2012 年 3 月第 1 版
印　　次	2012 年 3 月第 1 次印刷
书　　号	ISBN 978－7－5101－1112－9
定　　价	25.00 元

社　　长	陶庆军
网　　址	www.rkcbs.net
电子信箱	rkcbs@126.com
电　　话	（010）83519390
传　　真	（010）83519401
地　　址	北京市宣武区广安门南街 80 号中加大厦
邮　　编	100054

版权所有　侵权必究　质量问题　随时退换

丛书编辑委员会名单

主　　编：雍秀英　福建省人口和计划生育委员会原主任
　　　　　池秋娜　福建省人口和计划生育委员会主任

副主编：游振伟　福建省人口和计划生育委员会副主任
　　　　　刘大可　中共福建省委党校副校长、教授
　　　　　王华宁　国家人口和计划生育委员会宣教司副巡视员

编　　审：刘大可
　　　　　陈秀珍　福建省人口和计划生育委员会宣教处原处长
　　　　　徐正平　福建省人口和计划生育委员会宣教处处长

总 序
ZONGXU

一轴五彩斑斓的婚育画卷
中共福建省委常委、副省长 陈 桦

《闽台婚育文化大观》丛书即将付梓，主编邀我为之作序，想到《闽台婚育文化大观》丛书（下称《丛书》）是我省首部关于闽台婚育文化的丛书，集学术性、知识性、趣味性于一体，着实难能可贵，于是欣然提笔，算作我对《丛书》问世的祝贺吧！

婚育文化是人们在婚姻、生育及其相关活动中形成的意识形态和相应的规范制度，即人们在婚姻、家庭、生育、节育等活动中形成的思想理论、价值观念、知识能力、风俗习惯、伦理道德、行为规范等，它伴随着人类社会的产生而产生，伴随着人类社会的发展而发展，始终与广大人民群众息息相关。在年复一年炊烟相望、唇齿相依的共同生活中，八闽民众既有着相似的生活热情和命运轨迹，也有着基于不同生存环境、不同繁衍过程、不同族群而各自形成的独特婚育文化，他们和谐共存却又不丢失自己的斑斓个性，让传统的婚育文化不断地延续下来，又随着人类的迁徙和时代的变迁，在港澳台、东南亚，甚至世界各地落脚、生根，成为人类文化宝库中一颗璀璨夺目的明珠。

毛泽东同志"取其精华，去其糟粕"的精辟论述是我们认识、继承和宣扬传统文化的基本原则，《丛书》的编著者们也正是秉着这个态度，以充沛的激情、生动的笔触，对八闽的婚育文化进行阐述，使古老的传统文化在编著者们的"丹青妙手"上展现出独具魅力的勃勃生机。

《丛书》对福建省传统婚育文化习俗进行了比较系统的整合，对一些习以成俗的概念作了较为贴切的阐述，对许多风俗给予了归纳和考证，并对其作了客观的评价。《丛书》的编著者查阅、汇集了大量传统文化的典籍文献资料，从哲学、历史文化等角度，追本溯源，对婚育文化作了全面的透视和调查研究；沿着婚育观念发展的轨道，从形成、变迁，到改造，分章别节，进行了较为详尽的描述，对于福建婚育文化，这是第一次，自然是功莫大焉。

《丛书》对福建省新型婚育文化的产生和发展脉络，进行了较为细致的梳理和客观的呈现。《说苑·杂言》说："今夫世异则事变，事变则时移，时移则俗易。"这表述了社会的变迁与文化的发展，福建新型婚育文化的产生和发展亦是如此。福建省一批批人口计生工作者、专家学者，几十年来不断地创新、改造传统婚育文化，给传统婚育礼俗赋予先进的思想、科学的内容，让它能适应时代发展的需要。早在20世纪20~30年代，一些有识之士，发表传播了关于婚姻、生育方面的全新观点，这是新型婚育文化的启蒙阶段。新中国成立建立了社会主义制度，20世纪70年代普遍实行计划生育政策以后，转变旧的传统婚育观念成为计划生育工作的一项重要任务。随着新《婚姻法》、《人口与计划生育法》等一系列法律法规的颁布，为新型婚育文化奠定了制度基础和思想基础。从20世纪90年代至今，我省先后全面开展了"婚育新风进万家"活动和"关爱女孩行动"，把建设新型婚育文化推向了高潮。新型婚育文化是联结现代家庭的纽带，是维系幸福家庭的紧固件，维护着广大人民的根本利益，它必定会在八闽大地上广泛传播，持久发展。

《丛书》还对八闽婚育文化和台湾地区婚育文化的渊源、婚育礼俗在台湾地区的流变作了阐述。福建与台湾一水相连，血缘相亲、语言相通、习俗相近，闽台两地由于特殊的历史、地域和文化渊源关系，经贸交往和人员往来、文化交流等各方面的联系十分密切。尤其是闽南人、客家人在台湾地区的后裔众多，他们在台湾地区定居后，传统的婚育文化得到了很好的保存和延续。《丛书》又在五缘文化中添了浓墨重彩的一笔。

《丛书》以图文并茂为特点、以作家独特视角和文学化语言为阅读诱惑，将生活在福建的六个主要民系的婚育文化单列成册，在全面、系统、深入、鲜活的叙述中，向读者展示了各个民系的鲜明特色和品格魅力，让人们在惬意的阅读中感受五彩斑斓的福建婚育文化。这种以生动的文学语境和大量精美图片来全面展示福建婚育文化的分册图书，在福建也属首次，同时也填补了福建婚育文化著作的空白。

当前，我省已经进入全面做好人口工作，统筹解决人口问题，促进人口长期均衡发展的新时期，人口再生产也基本完成了由传统类型向现代类型的历史性转变。这些成就的取得，在很大程度上得益于新型婚育文化的建设。但是，人口再生产也有其特有的规律，新的人口问题也伴随着产生。人口问题是事关全面协调可持续发展的重大问题，是影响经济社会发展的关键因素，关系人民群众切身利益和家庭幸福。建设社会主义新型婚育文化的宗旨，就要通过文化的先导作用，促进人口自身数量、素质、结构、分布等各要素的协调发展，促进人口与经济、社会、资源、环境的协调和可持续发展，促进人的全面发展、家庭和谐幸福和社会和谐发展。

我们有理由相信，这套丛书的面世，对整理和保护福建的乡土文化，宣扬福建地区文化个性，进一步扩大福建的开放，密切闽台五缘文化交流，对实现"建设更加优美、更加和谐、更加幸福的福建"的奋斗目标有着特别的意义。

是为序。

总 论
ZONGLUN

生育是人生的开端，结婚则是人生成熟的标志。婚育文化是一个民族、一个地区在漫长历史演变中逐渐形成的，以有规律的活动约束人们的婚育行为与婚育意识。其约束力不依法律的保证，亦不依科学的验证，而是文化的力量。

"千里不同风，百里不同俗。"在中国这个幅员辽阔的民族大家庭里，婚育文化自然展现出了异彩纷呈的种种画面。它从微观上展示了政治、经济、社会以及伦理道德、宗教观念、审美意识的积淀与变迁，而在宏观上则反映了时代精神、民族心理。因此，人们常说婚育文化是人类文化的重要组成部分，是文化的一面多棱镜。

中华民族的文化之所以光辉灿烂，其中一个重要原因就在于多元构成，在于各具特色的区域族群文化共同组成了丰富多彩的中华文化。福建文化以其独特的地理位置，上承中原，下续台湾，因而闽台文化具有共同的母体渊源与先后的承递关系。这种现象，表现在婚育文化方面也十分明显。有鉴于此，福建省人口和计划生育委员会组织了一批青年学者着手策划、编撰了这套《闽台婚育文化大观》丛书（下称《丛书》）。

《丛书》共分六册，分别从福州、莆仙、闽南、客家、闽北、畲族各区域族群出发，多层面、多角度地展现闽台婚育文化的丰富内容。各位作者都努力把区域族群的婚育文化放在中华文化的大背景下，放置于相邻文化的比较对照中，通过详细的文献资料与鲜活的口传文化，以期比较客观真实地反映闽台婚育文化的概貌。

各位作者曾经有过多次的全体或部分人员的聚会，就有关问题展开了讨论。大家认为，以往人们研究闽台婚俗文化，往往出现两个偏向，一是比较注重婚仪、婚礼等民俗活动的描述与论述，二是较多地停留在婚俗资料的收集与整理。而这些很难准确地反映婚俗背后的文化价值与社会功能。因此，考察闽台婚俗文化，必须关注包含着婚姻观念、婚姻行为、婚姻礼仪、婚姻俗语、婚姻禁忌等多个方面，体现不同阶层的婚俗体系；必须从文化人类学和文化社会学的角度，将婚俗现象上升到文化的理论层面加以全方位的透视，既关注不同的婚姻礼仪、婚姻活动，又注重各种婚姻俗语、婚俗功能；既比较不同阶层的婚姻行为，又分析不同时期、不同阶段、不同思想观念对婚姻行为的影响；既描述闽台不同族群的婚俗，又探讨闽台各区域族群之间的相互渗透、相互影响，从而更好地从整体上再现闽台婚俗的全貌。

而对于生育文化，大家也都认为，一个人的生育过程大致可分为三个阶段：求子阶段、从孕子到产子阶段、从贺生到成年礼阶段。创造生命是崇高的，生育信仰的内涵就是崇尚对生命的创造，于是便形成女阴崇拜、男根崇拜、生育神崇拜等求子习俗，衍生出保胎、养胎、安胎、胎教和产房、催生、接生、报生、坐月子、满月等助产、保赤风俗，传承取名、契名、护幼、过周、教子和成年礼等礼俗。因此，闽台生育文化的撰著应该从求子到孕子，再到产子，然后通过贺生、养子、教子、取名及成年礼等诸多方面，向人们展示闽台民众生育文化的丰富内容。

闽台婚育文化经过漫长的历史沧桑，一方面，将自身历史上种种特质整合到现实状态，成为当代婚育文化的重要组成部分；另一方面，又将相邻区域族群的特质整合到自身中来，亦成为当代婚育文化的有机组成部分。这些历时的与共时的特征，都积淀在闽台各区域族群的婚育文化之中，共同构成了闽台婚育文化的动态画卷。因此，《丛书》各册既描述、论述传统的婚育文化，又展示婚育文化的当代变迁，以期更好地倡导婚育新风，创建幸福家庭。

《丛书》各册的作者虽分布于福建师范大学、中共福建省委党校、福建省文联、福建省人口计生委和福州市委宣传部、莆田市委宣传部等不同部门，但都有一个共同特点，即年轻而富有朝气，用功甚勤而好学深思，受过文化学的训练，因而能从文化人类学、文化社会学的学科视野出发，进行精心撰著。所以，《丛书》体现了以下几个特点：

第一，系统完整。各册总体构架方面，时间上贯穿古今，从传统到现代；在空间上，从中原到福建，再到台湾，包括了福建的六大区域族群。而在逻辑顺序上，先描述宏观的闽台文化，再到具体的婚育文化，从婚育文化的角度展现闽台两地根与叶、源与流的关系；在具体内容上，举凡婚嫁习俗的各种程序、生育习俗的各个环节、新时代的婚育新风、新俗，以及特殊的婚姻形式、特殊角色等，都在作者的视野之下，可以说是一部系统并且完整展现闽台各区域族群婚育文化的著作。

第二，具有一定的学术性。撰著一套融学术性、知识性、可读性于一体的闽台婚育文化著作是各位作者的共同追求。因此各位作者尽可能地博览各种方志、阅读各种资料，博采前人研究成果，深入实地进行调查，搜集大量有关闽台婚育文化的文献资料和口头传说，将文献的记载与鲜活的口传文化有机地结合起来，获得了弥足珍贵的一手资料，形成了独特的资料系统。在此基础上，提出了大量新知、新见。如《莆田篇》认为，莆田民众在追求男丁的同时，并不排斥女丁，而认为聪明的女孩并不逊色于男丁，这与莆田许多知名传说如妈祖、钱四娘和现实中林兰英院士等都是女性密切相关。又如《畲族篇》认为，畲族有成千上万种歌谣，将历史、传说、生活知识、人生礼仪、祖宗规训以自己的语言编唱，寓教于歌，口耳相传，成为畲族无文字之憾的另一种鲜活记忆和独特的教育方式。类似这些观点，都颇有新意。

第三，具有较强的趣味性与可读性。各册作者都十分注重语言叙述的亲切风格与生动性，亦充分考虑多层次读者的需要，因而书中具有大量生动活泼的例证、丰富多彩的社会生活内容，可以进一步丰富人们对闽台婚育文化的认识。例如，《福州篇》和《莆田篇》都提到关于媒人"三人五眼，长短无后话"的笑谈；《客家篇》记有"杀老婆敬先生"尊师重教的故事；《闽南篇》有"偷葱、偷石"以示得佳婿、好妇的传说；《闽北篇》以姑娘泡糖开水试探男方心意作为相亲的"尾声"。诸如此类，《丛书》各册随处可见，令人感到兴趣盎然。

第四，具有重要的现实意义。闽台各区域族群在历史长河中积累了大量的生活智慧，形成了大致相同又各具特色的婚育文化。这种文化一方面具有促进社会和谐和规范社会秩序的积极因素，另一方面又存在着大量奇俗、怪俗，甚至陋俗等消极成分。在新的历史时期，合理吸收闽台传统婚育文化的积极因素，最大限度地制约和克服其消极影响；充分发挥闽台传统婚育文化的正面功能，从婚育文化发展、婚育风俗改造、婚育观念更新的角度倡导婚育新风，引领文明生育，构建幸福家庭，因而具有一定的现实意义。

更重要的是，《丛书》将闽台生育文化放在中华文化的大背景下，尤其放置于闽台文化的背景下，从族群和实证的角度，对其形成、发展、传播及在不同的时空背景所呈现出来的同中之异与异中之同，进行深入细致的审察对比，从婚育文化的角度具体分析台湾各文化要素的大陆根源，在理论上揭示闽台婚育文化同出一源的事实，其所论虽为"闽台"，实质乃是"两岸"；其所述两岸根与叶、源与流的关系，实质是台湾文化的中华属性的肯定，因而有助于进一步增进两岸民众的文化认同，为两岸和平发展服务。

目录 CONTENTS

引 言 / 1
第一节　莆田婚育文化形成的背景 / 1
第二节　莆田婚育文化特征 / 5

第一章　莆田传统婚嫁礼俗 / 7
第一节　传统婚嫁礼俗 / 7
第二节　几种特色现象趣谈 / 22

第二章　莆田生育习俗 / 25
第一节　莆田人生育意愿 / 25
第二节　女性备孕与生产禁忌 / 26
第三节　新生儿的特殊节日 / 32
第四节　文献名邦与后代教育 / 38

第三章　莆田婚育习俗在台湾地区的传播 / 49
第一节　莆田人迁移台湾的基本情况 / 49
第二节　莆田移民在台湾的生存与发展 / 52
第三节　莆田婚育习俗在台湾的传播与发展 / 54

第四章　婚育新风筑起幸福路 / 57

第一节　现代婚嫁礼俗 / 57

第二节　以人为本的保健工作 / 61

第三节　关爱女孩 / 64

第四节　现代莆田人生育意愿 / 65

第五节　计生宣传新载体 / 70

结　语 / 80

参考文献 / 81

后　　记 / 83

引 言

第一节 莆田婚育文化形成的背景

莆田，古称"兴化"、"兴安"，雅称"莆阳"，位于福建东南沿海中部，北接福州市，南临泉州市，西依戴云山脉，东濒台湾海峡。

莆田市地图

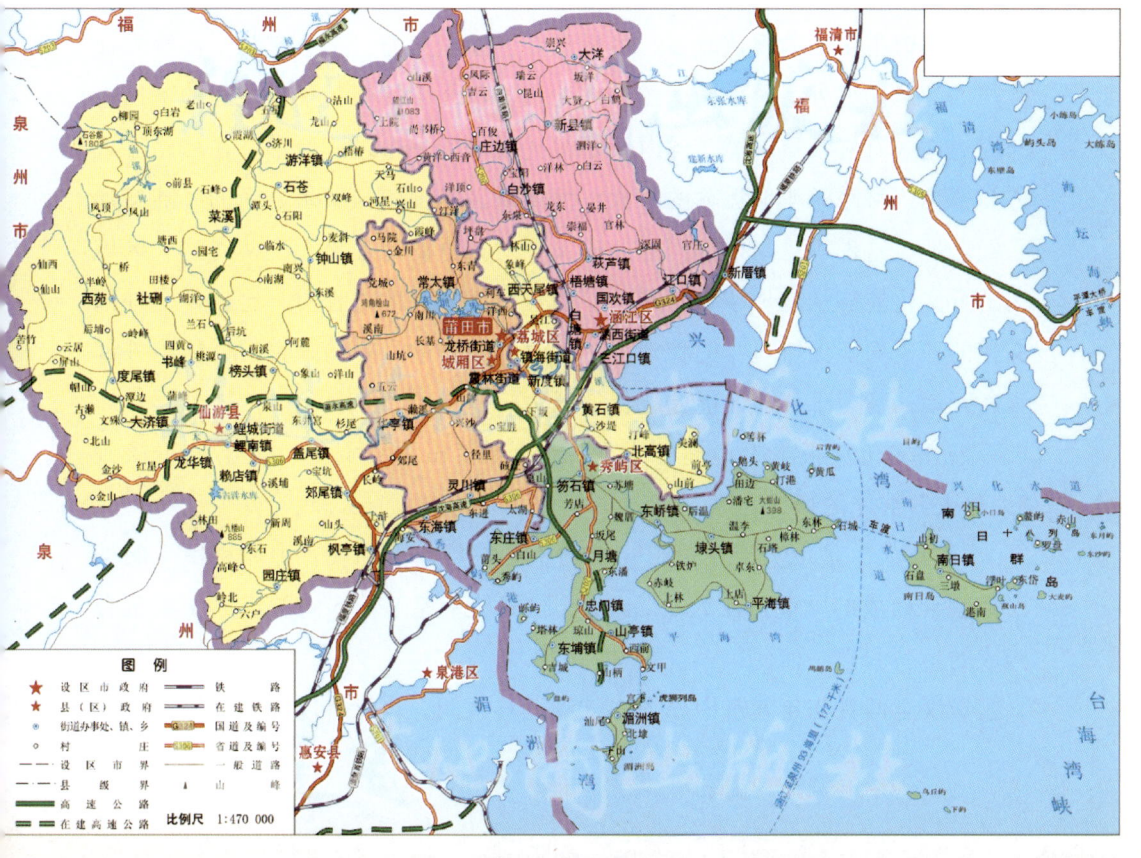

莆田地区历史悠久。考古资料表明，早在五千多年前的新石器时期，就有先民在此繁衍生息。莆田古为"七闽"地，秦属闽中郡，西汉初属闽越国。汉武帝元封元年（前110年），汉军大规模入闽，统一了闽越。25年后，在闽中设立冶县，属会稽郡。东汉属于南部都尉，建安十二年（207年），孙权在闽中设立侯官、建安、南平、汉兴（浦城）等县，莆田地域属侯官县。孙吴撤销南部都尉，改设建安郡；晋太康三年（282年），析建安郡置晋安郡，莆田地域属晋安郡。梁天监间（502~519年），析晋安郡置南安郡，莆田地域属南安郡。陈天嘉五年（564年），陈宝应据建安、晋安二郡，陈遣章昭达讨之，宝应败走，逃至莆口，莆田地名见于载籍者自此始。

俗话说，一方水土养育一方人。自然、历史、人文环境对于一种文化早期的形成和塑造起着不可忽视的重要作用，决定和制约着世代生息繁衍于其中的人们采取不同的生产和生活方式，从而导致了各地的风俗习惯也存在着较大的差异性。莆田地域自宋代设立与"府"、"州"同级的"军"建制以来，直到清末，一直是福建省内一个独立的建制单位。一千多年来行政建置相对稳定的情况，客观上对莆田地区独特婚育文化的形成与发展，具有重要的影响。莆田区域内溪流众多，冬暖夏热，雨量充沛，十分有利于传统农业生产的发展。另外，枕山面海的自然地理，使介于福州与泉州之间的莆田既与周边地区有着多重屏障，同时又是福建沿海的一个过渡地带。在陆路靠人力和畜力、海路靠帆船运输的时代，莆田地区是福州与泉州之间的海陆交通必经之地。这种不乏与外部沟通通道又相对独立的地理单元，使得这一区域的婚育文化能够从容地孕育与形成，而且在其发展的过程中，比较少受外部文化的冲击而能保持自身的稳定性，同时也使得这一带的婚育习俗能与外部沟通互动，不至于停滞而能始终保持活力。

婚育文化从根本上说是"人化"，说到莆田婚育文化，就不能不谈到"兴化人"群体的形成。

"兴化人"是由生活在莆田一带的土著古越族人和汉晋中原移民入闽的汉族融合而成的"混血汉人"，以及晋以降从中原迁徙入闽的汉族交叉融合构成的。

秦汉至西晋初年就有中原人士陆续迁移入闽。当汉晋以来北方汉民迁入福建之初，莆田平原就成了他们最早的聚居地之一。福建现在的一些重要族姓，往往是先迁居于莆田平原和福州平原，而后逐渐向福建其他地区迁移发展的。汉代起便有北方汉民入莆。新编《莆田县志》说，汉时入莆的有胡、陈、范、信、张、杨、何等姓。仙游县有关何氏九仙的传说，也与汉代北方汉民的南迁有关。据宋宝祐《仙溪志》记载，汉武帝元狩（前122~117年）中，何氏兄弟九人自江西临汝来，炼丹于九鲤湖上，"丹成乘九鲤鱼上升"。其父母"自闽之莆，迹寻其子"，见九子已仙去，于是隐居此山，四个女儿分别嫁给张、杨、范、信四姓。

传说是历史的影子，透过这些传说，可见秦汉时期应有中原移民来莆田一带定居。两晋时中原汉人有三次南迁，前两次均在"永嘉之乱"时，弘治《兴化府志》载："莆古称荒地，居民属闽七种之人，寥寥无几。自永嘉二年（308年）中州衣冠始入闽者八族：林、黄、陈、郑、詹、邱、何、胡是也。时有散处莆地，土田渐辟，异姓之人亦相继来居，由是人民广众，厥成斯邑焉。"第三次是东晋末年，中原人纷纷南渡，现居莆田的陈、林、郑、黄等大姓的先祖，均在此时南迁。到了唐代，北方汉民入迁莆田已形成一定的规模。唐末黄巢起义至五代，中原汉人再次南迁，遂王审知在福建建立地方政权，有些家族也随迁入莆，如詹氏、傅氏、阮氏、杨氏等。汉人南迁，不仅带来大批劳动力，使莆田人口增加，而且也带来先进的生产技术和科

莆田气候宜人，植被多样，物产丰富。图为莆田的四大名果——荔枝、龙眼、枇杷、文旦柚

莆田水系发达,处处可见溪水伴着绿树蜿蜒盘转的水乡美景

壶山兰水是莆田的象征,其中"壶山"即壶公山,"兰水"即莆田人民的母亲河——木兰溪

学文化,对莆田、仙游平原的开发与文化教育的发展,起了举足轻重的作用。到了北宋年间,北方汉民在莆田平原聚族而居的局面已经基本形成。宋代以来,虽然还有部分北方汉人南迁,但均无大规模行动,这是因为莆田地区虽然经济较为繁荣,但人口却逐渐趋于饱和。唐代莆田立县时住民9 000户,人口63 000人,至宋绍熙年间(1190~1194年)住民增至72 363户,人口171 784人。

两晋以来,中原汉人南迁入莆定居的拓展历程,实际上是与当地土著居民不断磨合融合的过程。这种融合性对整个区域的发展,有不可低估的作用:一是促进地区的开发。接纳性与融合性,使南迁的汉人落地生根,致力于生息与开发。二是提高人口素质。中原汉人与土著居民结合,或与不同时期南迁汉人结合,异族、异地通婚,避免了近亲结合,有助于人口素质的提高。三是南迁汉人中不少人是学有专长的政治家、科学家与艺术家,也有境内士子中进士及第,北上宦游,归里时带回中原文化。在长期磨合过程中,他们通过各种传导渠道传播、传授文化知识,促进了莆田人口文化素质的提高。四是推动"兴化人"群体的形成。由于稳定的共同的经济生活和频繁的交往，使生活在如今莆田一带的老居民与新居民的"人心风俗"日益相近，初步形成有别于其他地方的社会文化面貌大致相近的"群体"，即"兴化人"。"兴化人"的形成，确立了莆田婚育文化的主体。

第二节 莆田婚育文化特征

莆田婚育文化所具有的特点，是在长期历史发展中逐步形成的，其突出的方面主要有以下几点：

第一，吸纳中原移民文化，具有传统的统一性。古代中原地区的战乱和东晋南北朝以后几次人口的大迁移，是造成莆田地区婚育文化发展变化的重要因素。随着北方汉民陆续迁入莆田地域，莆田婚育文化吸纳了中原移民文化，把中原文化、汉族风俗和土著习俗熔于一炉。尽管经过漫长的历史衍化，但至今莆田仍有不少汉人的习俗，如莆田婚礼一般都在晚上举行，这是唐代中原地区"男娶妇以昏时"的习俗。"闹洞房"用花生果、桂圆干（中原用石榴）、红枣、栗子撒向寝帐，并赞"撒帐歌"，也是唐宋时民间所流行的。结婚时洞房、家具、门窗、龙凤黄缎被面、枕头绣的鸳鸯等，都贴有"囍"字样，也是中原文化的遗风。这说明，莆田婚育文化是中华传统婚育文化的组成部分，与中原文化具有明显的同一性。

何氏九仙的故事在仙游流传很广，在九鲤湖，除了九仙祠外，还有许多与之有关的摩崖石刻，图为明嘉靖进士江以达的诗刻，位于"蓬莱石"下，曰："九鲤湖传何老时，临川仙子竟何之？闲行流水寻丹灶，忽听空山歌紫芝。中散素书终落寞，庄生人世亦支离。分明梦里华胥国，万里神游总不离。"

第二，深受儒家文化熏陶，具有历史传承性。莆田地区历史上婚育文化的发展与千余年我国的政治、军事以及社会经济的变迁发展有着密切的关系。特别是受儒家传统思想的影响，"早婚早育、早生贵子、儿女双全才是福、（不孝有三，无后为大）、多子多福、传宗接代"等观念在广大群众中仍有市场。特别是在农村，养儿防老、养儿撑家立门户等思想普遍存在。具体来说，就是崇尚早婚，普遍结婚，终身不婚者极少，父母之命，媒妁之言；门当户对，良贱不婚；同姓不婚，以重人伦；姑舅做亲，亲上加亲；男娶女嫁，蔑视入赘。崇尚早育，终身不育者极少。崇尚男孩，普遍重男轻女，不生男孩为耻，是传统婚育观念的核心内容，也是家庭生育行为中的追求。这一价值取向除受"传宗接代"、"养儿防老"等观念的影响外，还与"男尊女卑"、"以孝齐家"有关。崇尚多子，普遍多生密育，儿孙满堂为荣，多子多福，家族兴旺；崇尚礼仪，普遍效法，婚育大事非礼莫行。

第三，区域特色明显，具有相对独立性。婚育习俗是特定的人群、特定的地域、特定的历史组合形成的社会现象。莆田地区原属古闽越国，在莆田这个婚育圈里，除了继承和保留了汉民俗的人文因素外，许多婚育习俗本身内在属性所显示出的特征（内部特征）和在时间、空间以及发展活动中所显示出的特征（外部特征），有许多明显区别于不同地区的地方。其魅力和特色首推浓郁多姿的乡土味，这种具有乡土气息的习俗，体现出该地区与其他地区的差异性，如在婚礼中"做经文"、"喊赞句"等，要用本地方言，雅俗共赏，在趣味中透露着浓厚地域文化氛围，蕴涵着浓郁的浪漫色彩，迷人的生活美、人情美和乡土美。此外，在整个莆田婚育现象内部，既有相似之处，又有差别，形成了婚育习俗的相似性和多样性。如莆田民间结婚新娘着装有城红山蓝岛红黑等习俗。城红，是指平原城市女子结婚时，一定穿红婚服。而远离县城的一些山区乡村，妇女结婚时却穿蓝装。湄洲女则身穿蓝、红、黑三色的衣衫。

在莆田婚俗中，婚床上要放置龙眼、红枣、花生等物

第一章
莆田传统婚嫁礼俗

> 婚嫁，自古以来都是人的一生中最浪漫、最盛大的庆典。男女双方或清贫，或富裕，但约定的仪式所体现出来的核心价值都是人们对誓约的真诚和对情感的相守。千百年来，莆田人执守着传统价值观和朴实的道德观，在婚礼的仪式上极尽热烈，也极尽庄重。他们认为，这种仪式是此生难得的，于是，不厌其烦地加上一项项看似繁复的细节，在欢笑与泪水、蜕变与相守中，组建起一个个溢满亲情的家。

第一节　传统婚嫁礼俗

> 花金满头妆宝髻，两眼乌珠红嘴皮。
> 定是新娘有福分，皆有月老做良媒。
> 万绿丛中一点红，今宵织女会牛郎。
> 恰似好花开并蒂，成双成对入洞房。

莆田民间歌谣生动地描述了男女婚嫁时的真实情景。

莆田传统男女婚姻，多听从父母之命、媒妁之言，从提亲到成婚，礼仪繁多，费时耗资。但在传统社会里，逐渐形成了这套烦琐的婚俗，尽管贫富不均，婚俗礼仪则大同小异，延续千年之久。

结婚，莆田方言叫成人。婚姻是人生的一件大事，在中国古代宗法社会里，更是整个家庭所关注的事。即"将合二姓之好，上以事宗庙，下以继后世也，故君子重之"。因此，有关礼俗备受关注，繁文缛节，十分考究。莆田传统婚姻礼俗，与传统"六礼"大体一致，但又有些地域特色。归纳起来，大体上有议婚、相亲、定亲、订佳期、贺喜上头、迎亲、拜堂拦门、闹洞房、出厅、点箱回门挂灯。

1. 议婚。在莆田，男女到了适婚的年龄时，当父母的要请长辈出来议婚，或请媒人设法撮合。千里姻缘一线牵，人们常以月老、月下老人来称呼媒人。媒人这一行，历史十分悠久。据《诗经》载：匪媒不得。指的就是当时的婚姻要经过媒人撮合的风俗。媒人，有主人请来的，也有其主动找上门的。她们往往用伶牙利齿，把本来互不相识的男女双方的父母和尊长说得心动，并进一步要求男女双方开出庚帖（即生辰八字帖），以便两边撮合。女方父母如有意联姻，便开出女儿的生辰八字交给男家，俗称"开庚帖"，字数得为偶数为吉，忌为奇数。随后，媒人带着庚帖到男方家进行"合婚"，包括"问神祖"和"合八字"两部分。根据男女双方的八字进行对照和推算，并将双方的八字压在灶公香炉下搁三天。若三天内家中一切平安顺利，说明是相生而不是相克，是天作之合，男方就可以正式请媒人向女方提亲。媒人也可以从中获得聘金总额的5%作为报酬。

2. 相亲。八字既合，接着便要相亲，莆田俗称看亲情。就是男方正式向女方提亲之后，男方父母就要到女方看厝相亲。相亲的仪式较为简单。男方选择一个吉祥之日，由媒人告知女方父母，在相亲之日，让女儿多加打扮，男子及其父母只观察女子的外貌而已。这时，女子也趁机偷看男子的身材容貌。男方若对女子的容貌及体态满意，认可就行，其他单凭媒人说词。男女双方也因此生发出不少笑话或悲剧来。按莆田的礼俗，男方登门相亲，女方若对男子感到满意，就会给男方的每一位客人一碗煮熟的鸡蛋，俗称"月老蛋"，男方若对女子（包括家庭状况等）感到满意，便可以吃下月老蛋；若不中意，就不动这碗蛋。以这种委婉的方式表达当事人的心意，避免双方产生尴尬不愉快。男方吃了月老蛋后，女方还会煮出点心——线面（长寿面），意即平安长寿。客人吃了长寿面后，每人都要在碗底放一个较丰厚的红包，以示谢意。男方上门相亲后，女方也会到男方家走走，但女子本人不能去，由尊长出

"长寿面"即线面，莆田人家喜欢在上面加上扁豆、黄花菜、鸡蛋和油炸过的花生、紫菜等，鲜香可口

面，主要是察看男方的家庭情况，如家庭成员、环境、房屋、摆设等。男家要设宴款待来宾并赠与礼品，女方有意于此门亲事的，才留下吃饭。经过了相亲，男女双方及其尊长都无反对意见，这门亲事就算基本议定了。有时，碍于传统礼教的约束，男女双方只在远处看一看；有时就直接由媒人传话，如有缺陷，也没法看清楚，所以有"三人五目，无说长短脚话致"的俗谚。

3. 定亲。俗称"订婚"、"贺定"、"放定"。男女双方相亲认可后，媒人便发挥很重要的作用，她出面商议有关聘金和聘礼等事宜，周旋于男女双方之间，几经讨价还价，使双方皆大欢喜，从而顺利进行定亲的仪式。定亲时，男方要选定吉日，由男方的亲人，如夫妻双全、子孙兴旺，或头胎生男孩的妇女等有福气的人，组成6人、8人或12人和媒人等（双方是双数的），身穿红衣，下着黑裤，梳就美髻，鬓插红花，成队而行，携带聘金的一部分及金银首饰，连同庚帖、香烛、花炮送到女方家。莆田的一些乡村，送礼定亲的妇女得身穿红色衣服，拿着带红颜色的雨伞，男子母亲还要手执一对甘蔗，中间用红纸带捆住。若男子母亲已故，则这些女子不必穿红衣，但要穿紫色的衣裳，甘蔗改由嫂子来拿，如没有兄嫂，便由其他最亲的人代替。女家以放鞭炮迎接，然后煮出点心（线

定亲的队伍需穿着红色的衣服，人数需是偶数

面）分给亲邻，表示女儿已许配人家。现代则把男方送来礼品中的糖果、香烟分赠亲友和邻居，同时备酒宴招待男方来宾。当女方家中再次放鞭炮时，定亲的仪式遂告完成。在仙游，正式订婚时，男方要把金戒指、手镯套在女子的脖子上，俗称"挂胜"。男子所送的彩礼，除聘金（定金）外，女家一般不能全部收下，而是取出其中的一半或大部分，另外再加上一些礼物，送还男方作为答礼。在仙游，女家以凤雏（蛋鸡，谓吉利和能生育）、长命（线面）、五谷种子回盘。在莆田，还有女家加送一对根叶俱全的甘蔗（甘蔗节节甜，取意夫妻恩爱、甜甜蜜蜜）等。

4. 订佳期。俗称"看日子"、"送日子"。男方决定迎亲的日子，把吉日用红帖写好送至女方家，并送担盘礼物。盘是细竹篾编成有墙

"红盘"是十分有莆田地区特色的喜庆物品之一，结婚、过年、闹元宵等喜庆日子里，处处可见它的影子。在浩浩荡荡的挑盘队伍里，有些担子外还包裹着大红色的兜，更增添了喜庆的气氛

边的圆形盘，漆红，叫红盘，其口径为50厘米左右。每担共有10个大小不一的红盘，每边5个、下大上小叠层而上。也有富豪人家备礼丰厚的达10担盘。送担盘的礼物中，有猪脚肉、线面、米粉、红团、糕粿、菜丸以及聘金，各色衣料衣屐等，分别依层装入盘中。

担盘之礼，是对女家尊重之意。若女家的祖母健在，红盘中则需另备猪肉、线面各一盘作为敬奉上辈，俗称妈盘。盘中备全帖一对，一写"安床"日期时辰，另一写"合卺"日期时辰。女家接收红盘之后，即行祭告祖先，并以花生、糖果回盘，然后将礼物中的线面、糕粿分给亲友，借以告知女儿

结婚的佳期。亲友知道之后，在姑娘临嫁前，便要为其送礼添妆，俗称捧花粉，也叫送嫁、走喜。随着佳期的临近，女家根据男家的聘金多寡，开始备办嫁妆。男家把备好的红头巾（莆田称新妇罩）、宽膊大袖的红袄

男方送去的礼物，其中猪脚、线面、米粉、红团等是必不可少的传统物品

（俗称上头衫）、花烛喜炮和礼帖按议定的未尽礼数，由媒人送到女家。出嫁女迎娶前三五天，梳妆打扮试新衣。一些沿海和山区的乡村，女方还有带内亲的男童（俗称小舅）与新娘伴睡的风俗，祈盼来年生男孩。

5. 贺喜。结婚前一天，亲戚朋友要备贺幛（红布帘或红绸缎），镜屏、钱币（贺仪）、红烛、鞭炮来贺喜。主人收贺礼时，要送香烟、糖果，随发请帖，恭请客人准时参加第二天的婚宴。

6. 上头。亦称"绡头"、挂"表轴"、安床。婚期前一天晚上（俗称"上头暝"），用红枣、桂圆干等煎汤沐浴，新郎、新娘分别在家举行冠、笄礼，俗称"上头"。新郎穿上"上头衣裤"（白色大领衫和白色本地裤），吉时一到，请福寿双全、夫妻健在的长者为新郎行礼：用木梳轻轻地梳头三下，束发、加冠（戴礼帽），帽上插金华五蕊。加冠前，要用小石臼一个，放在竹制的盘内，新郎坐在盘内的太师椅上，脚踩小石臼上，寓意"考不落第"。桌上放祭桶一个，内放线面两束，红团一双，剪刀一把，尺一把，头梳、凤屏各一支，红箸一双，手巾一条，扇一把，镜子一个。等"绡头"时，长者用木梳轻轻地在新郎头上梳三下，两鬓也梳三下，顺口喊赞句。凌晨，悬挂表轴于厅堂壁上。表轴俗称"表德"，四尺长两尺宽，分左、中、右三行书写新郎的名、字和行序数。挂表轴时，放鞭炮，送房兄赞："挂起表轴真及时，金鸡报喜迎佳期，亲朋戚友来贺喜，一举成名天下知。"也有唱："挂起表德是吉时，自古至今传下来；亲戚朋友来贺喜，月老注定无差时。挂起表德在中堂，二姓婚配结成双；三星拱照福禄寿，百子千孙满堂红。"随后，男家用铜钱垫洞房里眠床的四个脚，俗称"安床"，取夫妻恩爱平安吉利、

共同劳动、发财致富之意。安床时赞："眠床垫上太平钱，岁岁平安福来临。一对鸳鸯交颈睡，夫妻恩爱百年亲。"也有唱："四角眠床齐齐安，福禄春夏与秋冬；金砖银钱藏四角，福如东海寿如山。眠床垫上太平钱，岁岁平安福来临；一对鸳鸯高颈眠，夫妻恩爱亲百年。四角眠床垫铜钱，今宵夫妻笑盈盈；天上嫦娥临凡界，天赐贵子骑麒麟。"与此同时，新娘也在娘家行加笄礼。新娘穿上左襟红袄、红裤、红裙，由一位福寿双全的长辈妇女为其梳"太婆头"和"刮脸"（俗例未婚女子不到婚期不可刮脸，不施脂粉），并在其发髻两边各插上纸制或红绸制成的五蕊花，还从她头上拔下七根或者十根头发，与男家送来的七根或十根新郎头发混合一起搓成"发线"，交由新娘妥善珍藏，作为"结发夫妻"的物证。婚后，新郎、新娘"上头衣"均要妥善保存，直到本人辞世时再穿上。新郎小时，父母有到神宫社庙求神庇佑平安而许愿的，在结婚那一天凌晨要雇请木偶戏演出谢神，俗称"演八斗戏"。

7. 迎亲。俗称迎娶。男女双方张灯结彩，布置一新。女方在出嫁的前一天，将嫁妆分为数杠，然后抬往男家，杠数越多，女家越体面。嫁妆厚薄不等，主要有五伯衣（内外衣裤）、线袋五谷种子等日常用品作嫁妆。如今在经济条件好的一些地方，有自行车、摩托车和彩电、电冰箱等家用电器作嫁妆。迎亲时，莆俗新郎不亲迎，一说，"亲迎，婿必执雁，雁非常有之物，又不可以他物代之，亲迎礼不行，殆由于不备物欤"；或说，"因婿既冠之后，信星家之说，忌出门也，仪不及物，故曰不亲迎"。是日下午（如新娘家路远可提前为上午或早晨），男方家用红轿、彩旗、八乐及男女傧相八人以上（要偶数，已婚者要夫妻健在的）前往迎娶，并随带未交足的聘金、聘物到女方家。女方常在新娘上轿前索要额外钱，俗称"起轿脚"。红轿，"新妇轿"，如今已很少见到。

该轿用木头制成，雕花镂空、施以色彩，轿顶四周插上四条扎金色滚龙，所以又叫"龙轿"。传说是唐代莆田出了个江梅妃，赐家乡女子出嫁均可用龙轿。官宦人家还在轿门两边，贴上红纸条一对，书写女子长辈的官衔，体现女家的身份，以示体面。红轿后改成扎花通风的花轿。红轿放在女家的厅上，新娘同家人依依惜别，直到吉辰已到，才穿上一套宽身大袖的红袄，戴上一顶竹条编制的"凤冠"，罩上绸缎大红巾（俗称"新妇罩"），由喜娘搀扶上轿。新娘上轿后，其父（父亡由胞兄代替）用漆盘端出草束的"婶娘妈"一尊，酒一杯，"井连银"一把，走到红轿前面，作一长揖，将"井连银"焚化，把酒洒在地上，喜娘将"婶娘妈"捧入轿中交新娘放膝盖上，关上红轿门，用红绳结牢，在轿门上悬挂一块染红的猪肉，如今没有了"新妇轿"，所以莆田不少地方也会在房间的门梁等处悬挂染红的猪肉或猪蹄等物。以避"白虎"伤害（轿到新郎家门口，把肉扔掉）。轿子起行时，喜娘将一脸盆清水，向轿底洒去，口赞四句吉祥语，俗称喊四句。喜娘每喊一句后，众人都跟着喊一声好哇！如：

洒轿夫啊……好哇！

好丈夫啊……好哇！

洒轿脚啊……好哇！

好达家（莆田方言婆婆）啊……好哇！

新娘的花轿一出厅堂，女家立即紧闭大门，并用铁耙拦在大门后，以防财龙被女儿拖去，这是一

图为近些年一些复古形式的婚礼，才又见到用轿子迎娶新娘的情景

第一章 莆田传统婚嫁礼俗

13

种旧俗。花轿出门上路,新娘在轿里要嘤嘤哭泣。若父母已丧,更要喊叫父母名,放声大哭;若不这样,会指为不孝。花轿到男家大门,新郎的祖父祖母、父母及家人都须暂时回避,意在"亲人不犯轿头冲",以利和睦相处,俗称避冲。同时,还要用清水一碗向灶火中泼去,寓意新娘以后遇事不会生气,全家和睦相处。新娘的花轿进门后,新娘留在轿中,等候拜堂。主婚人即请"送房兄"把嫁妆搬入洞房,取出新娘随嫁的崭新蚊帐,挂在新房中的眠床上,然后把红枣、花生、桂圆干、瓜子、糖果和硬钱币等向帐子的四角撒去,取早生贵子之意。"送房兄"一面撒帐,一面口赞吉祥语,寓为"早生贵子,多子多福"之意:

东来紫气满房光,西望瑶池集凤凰;
王母大开蟠桃会,八仙聚会在兰房。
撒帐洞房四方转,身挂葫芦李铁拐;
一粒仙丹成婚定,夫妻相随头到尾。
撒帐崭新蚊帐帏,手持宝扇汉钟离;
能使才郎发科甲,官拜吏部耀门楣。
撒帐撒到许东边,身佩宝剑吕洞宾;
除妖驱邪保贵子,贵子长大做公卿。
撒帐撒到洞房左,瓜园种瓜张果老;
十万金钱作为聘,夫妻相随白头老。
撒帐撒到洞房右,为官正直曹国舅;
神仙一齐来指点,夫妻多福又多寿。
撒帐撒到许铺岑,湘子扫雪真有名;
一齐上天奏玉帝,天赐贵子骑麒麟。
撒帐撒到兰房边,少年成道采和仙;
明年必定生贵子,荣华富贵喜万千。
撒帐东西南北方,百无禁忌姜太公;
桂子兰孙联科第,家家户户喜苍苍。

也有简单唱:

> 撒帐东西南北方,百无禁忌姜太公。
> 桂子兰孙联科第,荣华富贵喜匆匆。

莆田民间婚嫁请"送房兄"是古代掠婚制的遗俗。据《嘉庆滇南杂志》载,古时女儿出嫁前三天,在门前搭起松屋,并储备淘米水几十缸。男子迎娶那天,新郎跟娶亲队伍直入松屋,挟持女子乘快马而去,父母用淘米水泼洒男方,并呼叫亲友追赶,追赶不上便返回。男家掠婚后,怕妻族回抢,遂请壮健的亲友多人来防御或助威,直到鸡鸣掩门后才散去。

在莆田沿海一带,也有新娘提前一天到男方家中,次日举行婚礼的风俗,与众不同。

8. **拜堂**。俗称"成人"(行婚礼)。花轿进入厅堂后,新娘还不能立即下轿。到了吉时,司仪高喊行亲迎礼、请新郎登堂。喜娘即引新郎到花轿前,由新郎象征性地踢轿门三下,意在制伏新娘,给她一个下马威,好让她以后百依百顺,服服帖帖。随后,新郎亲手把轿门的红绳解开,然后退到厅堂的左边等候。这时,喜娘领着新郎的小弟弟(小舅子)或父母双全的两个孩子到轿前,请新娘出轿,这才由喜娘打开轿门,扶出新娘,到厅堂神案前的右边与新郎对面站定,即行婚礼。

在莆田,婚礼一般要在黄昏时举行。这可追到古代娶妇以昏时的婚俗。是因为古时男女情爱之事,较为神秘,往往要在夜幕掩盖下才相宜。举行婚礼时,厅堂外鼓声起、鞭炮齐鸣。

新郎、新娘先拜天地,再拜祖宗。然后夫妻交拜,并要喝交杯酒、进三汤、三点(即小碗内装桂圆、红枣、莲子熬汤),同样是交换对吃,但仅沾唇而已。接着,请出新郎的父亲、母亲,双双分别端坐在八仙椅上,接受新郎、新娘的拜礼。拜毕,父亲给了一副红箸(10双),预祝早生贵子,母亲给了一双红团,以示全家团圆。新郎、新娘还要向在场的长辈拜礼,长辈们回赠给小红包压拜钱。

之后,新郎在前,新娘在后,共挽一幅结花的红绸步入洞房。洞房门上

新娘、新郎在厅堂神案前面对面站定,进行拜堂大礼

挂着米筛,男裤和猪肉。米筛意在防邪;男裤在门顶,新娘从门穿过,寓意新娘对新郎百依百顺;猪肉让白虎吃掉,意不伤人。

新郎、新娘在告祖、拜堂之后,新郎家要备办酒席,宴请宾客。洞房内设宴席一桌,供新娘、新郎入席,一律穿大红衣,孕妇不能入洞房,避"喜冲喜"之忌。全席应有12道菜,表示一年12个月,月月美满。上第六道菜时,新郎由一位大爷陪同,到各桌敬酒。酒席的最后两道菜是甜的:有用糯米粉做成圆圆的丸子;桂圆、红枣、莲子熬成的甜汤,寓意新婚甜蜜、白头偕老。婚宴的最后一道菜吃完之后,鞭炮再度响起,酒席散了。富有人家结婚,多有演戏助兴。剧终,戏班特地加演一出"土地公送子"节目,以寓生

夫妻二人向父母行跪拜礼,父母回赠红箸、红团及红包等。红箸、红团有祝福儿女早生贵子、阖家团圆美好寓意

男之兆。

9. 拦门。新郎、新娘进洞房前,门前摆一张"丰桌"(相当于八仙桌的一半),桌上摆一个"统盘",盘内摆放一把剑、一个生蛋、一块生猪肉、一块生豆腐,由福寿双全的四位老人抬着桌子拦在门前,俗称"拦门"。意在祀祭,防邪入门。眠床顶要放一对全新的芒草扫帚,用红纸、红绳绑着。新郎、新娘在门前,要给拦门人发红包、香烟,拦门人替他们唱赞诗:交拜已毕进洞房,夫妻平安来"成人",扛桌拦门一把剑,保护夫妻伊两人。之后,半桌移开,让新婚夫妇进房。进房后,新郎掀开"新妇罩",双方才第一次看到对方的"庐山真面目"。

10. 闹洞房。莆田婚俗中,闹洞房是整个婚礼的高潮,颇具特色,主要有以下几种形式:

麒麟送子(即送孩儿)。

新婚当晚黄昏时分,"送房兄"组成队伍步入洞房"送孩儿",美称"麒麟送子"。在喜宴开筵前,由乐队和凤灯前导,送房兄双手捧着圆盘,盘里放着"瓷孩儿",后面跟着提灯的,捧烛和果盒的,从户外送到洞房,新郎在洞房门口迎接,把"瓷孩儿"安放在眠床的板架上,并将红烛、果盒、一碗清水等排在桌上,凤灯挂在床前的楼梁上,"送房兄"礼赞吉祥语:

如今习俗中,多由男童在婚床上打滚嬉闹,表达祈盼生育男孩的愿望

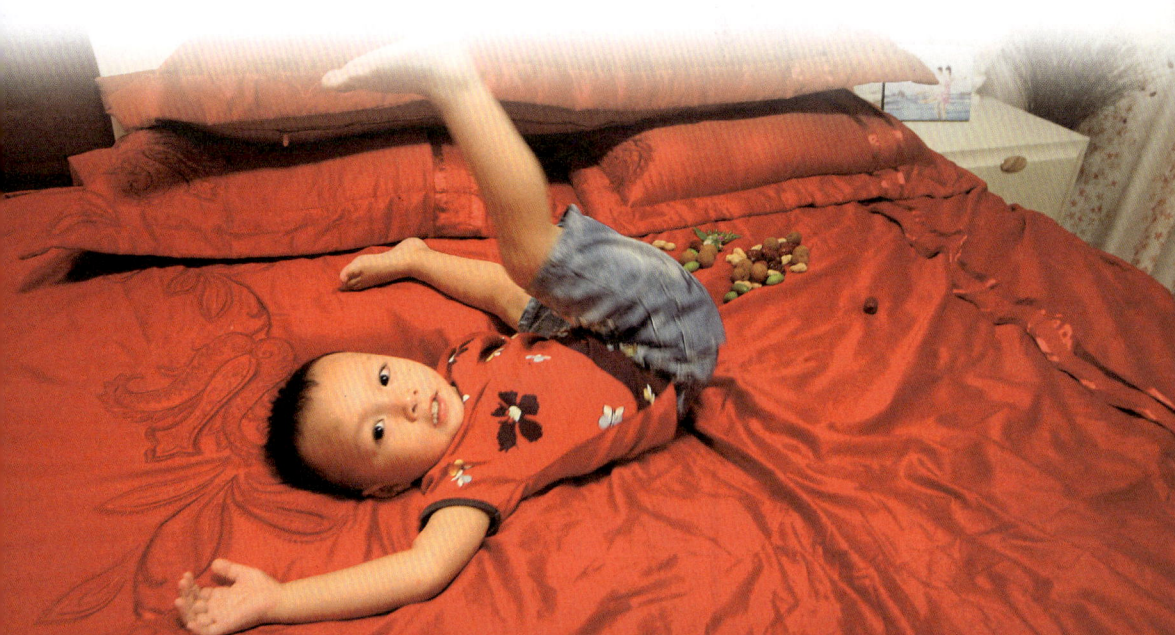

今夜大家送孩儿，
新郎新娘笑微微。
燕尔新婚鱼得水，
早生贵子耀门楣。

赞语唱毕，宾客涌入新房看新娘。"送房兄"故意把一碗清水洒在床上，名曰孩儿撒尿了。

抱出灯。

在喜宴结束时，已是夜深人静了。宾客们在送房兄的组织下，聚集在洞房内，准备闹洞房。首先是抱出灯，出灯即出丁，表示早生男丁之意。按莆田俗例，"送房兄"由"大爷"带领新郎请"表爷"——"软表"（即阿姑的儿子）担任，并指挥抱出灯。俗语说："软表软市市，硬表硬如铁。"（"硬表"即舅舅的儿子）。软表做出灯，请其他人做"压灯"。若无软表，也可请做经文的人代劳。做出灯、做经文的人，要跟新郎敲竹杠、讨香烟等。做出灯时，在洞房的新床前挂小红灯一对，俗称百子灯。出灯节目开始时，由软表主持，在他的号令下，新郎将新娘抱起，让新娘用双手交换左右灯笼，再次挂上后，软表让新郎把新娘放下，喊吉祥赞句：

挂百子灯是莆田闹洞房的一个必要程序，由新郎抱着新娘，由新娘将灯挂上房梁。百子灯一共两个，为一对，通常前往庙宇求得，里面放上平安符等，寓平安吉祥、早生贵子之意

一对红灯挂东西，百年夫妇是天差；
两人青春又年少，金玉满堂步云梯。
三元五桂真威风，子仪征番立大功；
郭瑷入宫为驸马，千古扬名传四方。
百子千孙积德大，文王天下三分在；
武王伐纣救百姓，周朝一统八百代。
今宵夫妻抱出灯，乞求天地赐财丁；
早生三元子仪子，后出文王百子丁。

出灯经文古传来，新娘得意笑微微；
夫妻两人同观灯，犹如文君慕相如。
出丁经文做到止，大家看了心欢喜。

或者：

洞房花烛小神仙，一对凤灯挂两边。
东西交换入门喜，一刻千金乐少年。

做经文。

做经文（即抱出灯后，戏谑新郎、新娘的节目）。"送房兄"点示一些妙趣横生的节目，除了抱出灯，还有瓜子装鼻、仙女过桥、争吃仙果、观音滴露等，让新郎、新娘表演，多带戏谑、挑逗的内容。一般俗例，只作一个戏谑新郎和新娘的节目，但如果"送房兄"节目较多，就会闹到东方快泛白，雄鸡啼鸣时候，"送房兄"才让主人放鞭炮。并唱赞语：

兰房新娘共新郎，大家一齐来送房；
轻声细语真贤德，夫妻牵手喜颜开。
大家听了大欢喜，送房四句喊开始；
心心相印意绵绵，恩爱夫妻偕连理。
必正诗词入兰房，红拂私奔慕李郎；
举手画眉思张敞，亲身磨腹春海棠。
春江游船是素英，秋湖戏弄赠黄金；
正德梅山偕凤姐，世隆招商结同心。
……

或者：

大家齐出门，双手掩房门。
洞房初会面，夫妻情意绵。

"喊赞句"是闹洞房仪式的高潮部分。上图中,家中男女老少一起出谋划策,撰写赞句

赞句写好后,由闹洞房的主持人高声念出,每念完一句,大家共同喝彩一声"好啊"!声声震瓦,气势如虹,热闹非凡

随着赞句的喝彩声,人们喜上眉梢,欢呼此起彼伏,妙趣横生

或者:

经文做好出兰房,今宵织女会牛郎。
颠鸾倒凤情意好,卿卿我我到天亮。

或者:

送房炮响在鸡啼,夫妻对面笑微微。
洞房宾客都请出,今请新郎掩门扉。
左手掩门左手喜,右手掩门抱孩儿。
今晚洞房花烛夜,也是金榜题名时。

在唱赞语的同时,软表便随手为新郎、新娘掩门,俗称圆房。这时,

筋疲力尽的新郎、新娘才算松一口气，想要休息，但东方已经放白，金鸡叫得更欢了。

11. 出厅、点箱。婚后第二天早晨，到厅堂问候公婆和亲友，俗称"出厅"。新娘出厅时，要伺候翁姑和长辈，在亲友面前清点嫁妆，俗称"点箱"，凭长辈、亲友评论。但不管嫁妆厚薄，内中必须备有"五谷种子"、围裙，以及尺、剪刀、花针、粉袋和各色绒线、棉纱线，预祝男家五谷丰登，新妇开始做女红。

12. 回门挂灯。俗称请转马或请子婿（新娘在新郎的陪伴下，第一次回娘家）。新郎、新娘婚后第三天（现在一般在婚后第二天）新娘必须偕同新郎回娘家。回门前，女家派新娘的弟弟（小舅子）到男家邀请新郎，俗称请子婿，亦称请转马。新婚夫妇坐轿（新郎或骑马），由傧相（俗称"大爷"）肩挑花篮，内装香烟、糖果、炝团（俗称"女婿炝"），陪同前往，新娘在前，新郎随后。快到女家时，新郎要下轿（马），由小舅子引导步行入门，而新娘则可一直坐轿到门前。新婚夫妇入门时，女家鸣炮奏乐，新郎到大厅先拜祖先，再拜岳父岳母及其他长辈，受拜人给他"答拜钱"。之后，女家设午宴款待新郎，让新郎坐上席。酒过三巡，女婿不能再吃，表示谦逊。宴罢，女家准备形同梅华饼几十双，红纸条封好的根叶俱全的甘蔗一对、雌雄鸡两只欢送新人，意祝夫妇和合，生活甜蜜。这时，新郎轿（马）在前，新娘轿在后，随同回家。俗例最好傍晚时分到家，叫做"转马暗摸摸，明年出打捕"。仙游一些地方，在回门前还有"换花"习俗，即婚后第三天，女方家备办"换花盘"，由小舅送到姻亲家，看望亲人。盘礼有衣裳和红白花，寓意子女昌盛。新郎要给小舅"挂胭"礼钱，并设宴款待众客。如是有名望的人家，在"换花"的当天，新郎就伴新娘，由八乐彩旗陪送回家，但不能在娘家过夜。

婚礼后14天，女家备办礼盘，内放食品、衣料，送到男家。衣料给公婆及妯娌做新衣，希望家人和睦相处，称作"做十四日"。

当年年底，娘家要给女儿"挂灯"，意祝早生贵子。娘家送红枣灯（外形如红枣，故名）一对，有的也用像凤灯一样大小的纸灯，上面一边写"早生贵子"，一边写"囍"字。纸糊猴面一个，"三春"纸花一双，双孩子"长春花"（俗称"朝春"一对）。"长春花"是留给太姑插。红萝卜、冰糖、瓜子、花生（生的）各若干斤。男家要回敬白糖若干斤，以示亲家往来甜如糖。农历十二月初四开始，直到十二月二十八，逢双日(初二、十六做牙日不宜)都可以"挂灯"。新娘未生男孩时，娘家每年都要"挂灯"。如果娘家男性（一般是小舅子）不在家时，可由女人带男孩代劳。"挂灯"在腊月，气候较冷，所以，俗谚道："阿舅脸并并（一脸严肃），灯笼和猴面，点心（线面）煮未熟,冷得兴啊兴 (即发抖)。"反映了这一习俗状况。

以上说的是一般以上人家婚俗情况，若是家境贫寒之家，孩子长大办不了一般婚礼，就借过年时为儿女从简成婚，这样婚礼就简单多了，也反映了旧时民间的另一婚俗。

这些婚嫁礼俗所述情况是莆田人真实的生活和在实践中显现的生动形象。婚嫁过程中的交往，婚嫁之中所表现出的欢歌笑语及人们流露出来的喜悦心情，充分展示了他们对美好事物的向往和追求，出发点是以善为前提，目的是为了实现幸福美满的生活，实现和谐。

第二节　几种特色现象趣谈

1. 城红山蓝岛红黑。莆田民间结婚新娘着装有城红山蓝岛红黑等习俗。城红，是指平原城市女子结婚时，一定穿红婚服。这种尚红风俗，可追溯到史前时期。《中国文化象征词典》说，史前时代，红色就已被看做是赋予生命的颜色。从墓中的死尸撒着朱砂和红色岩土，可以证明这一点。到了周朝，这种尚红风俗，就表现得更为具体了，红色与夏和南方相关联，并且是周朝的象征颜色。这个红时代有红衣服，红官帽穗，红马红旗，红祭祀动物等。红色象征"生长荣昌"，白色（包括黑、蓝）则代表"衰败、死亡"。莆人每逢大节日，如结婚、寿诞、

莆田城乡多习惯打红伞、穿红色婚纱

大庆时不用白（包括黑、蓝）；若遇丧事则忌红，其道理就在此。莆田人多是从中原一带搬迁而来的，周朝当时地处中原，中原尚红的风俗，也被带进莆田，所以莆地妇女结婚时要穿红色婚装，正是古民俗在莆田的保留与延续。

然而，并不是所有的莆地妇女，结婚时要穿红婚装，而远离县城的一些山区乡村，妇女结婚时却穿蓝装。据说元朝时，兴化县（莆田市北部山区地）蒙族达鲁花赤知县，家中大办喜事，夫人以汉俗穿上红衣服，不幸所在多虎，达鲁花赤夫人红装显眼，被虎所叼，达鲁花赤悲痛不已，并因此事迁县治到湘溪（今新县镇）。从此，这些山区的乡村妇女吸取达鲁花赤夫人的教训，结婚时新娘不穿红装，而改为近似草木同色的蓝装，称为山蓝。这种婚俗一直保留至今。

"十里不同风，五里不同俗。"平原县城山区是如此，而湄洲岛却另有风俗。据传说，莆田湄洲岛海神妈祖，原来是穿红装的。《妈祖显圣录》载："宋宣和年间（1119~1125年）路允迪出使高丽，道经东海……见一神女现桅杆，朱衣端坐。"又"至顺元年（1330年）春，船七百八十只，由太平江路太仓刘家港开出海洋，遇风突起……官吏恳祷于神后，祷尚未完……恍见空中朱衣拥翠盖，伫立舟前……不多久，风平浪静。"这两则记载中，妈祖曾穿过朱红的衣服。后来，为了纪念妈祖，湄洲岛上的女子结婚时女身穿蓝、红、黑三色的衣衫，俗称妈祖衫。

湄洲岛女子结婚多穿"蓝、红、黑"相间的服装

2. 打捕室娘老公婆。莆田方言中，有很多称呼叫法都非常特别。比喻叫男人，称"打捕"、"打捕人"；叫女人，称"室娘"、"室娘人"。考其来源，非常有趣。原来，男人的男，《说文》载："丈夫也，从田力，言男用力于田也。"这说明，远古农耕时期，男人的主要职能是耕种。而莆田方言中的"打捕"、"打捕人"，应比农耕时期更远一点。在原始人类初期，古先

民以打猎（野兽）、捕捉（鸟、鱼）为生。莆田人就把这一时期的男人的职能，作为代名词，沿用下来。再说"室娘"、"室娘人"，也是古先民留下的一种称谓。众所周知，古先民没有我们今天居住的条件，有的只是天然的山洞，山洞就是古先民的房屋。所以时至今日，我们还把男女结婚，叫做"洞房花烛"。但除"洞"外，古先民的另一种住房，便是"巢"，一种构架于树木之上的房子古称"室"。在母系氏族时期，女人因能生儿育女居于统领地位，这就形成了男人在外，女人理内的分工局面，所以也就产生出"室娘"、"室娘人"这些称谓。为什么"打捕"、"室娘"这些称谓会遗存在莆田地带，这可能跟莆田所处的地理位置有关。莆田古时候是一处偏僻荒凉的地方。秦之后，才辟为闽中郡，到唐时，才得到开发。所以莆田一代的原居土著，把许多风俗包括原始的土著称谓，都保留下来，直到今天。

莆田已婚之男女，称对方为"老公"、"老妈"。这里有个传说，说莆田汉时属东越，越国首领余善造反，汉朝廷派朱买臣来镇压，结果余善大败。朱买臣平余善后，大批军人就地驻扎屯垦，这些士兵，都是男性，没有妻室。而战败的余善族人，青壮男女都已捐躯沙场，所剩下来的，不过是些老弱病残的女人。为了解决当时汉军妻室的分配，汉长官便采用幸运择配的办法，把所有的越族妇女，不论其老少，一律藏在布袋里，然后按次序领带。结果，年轻的士兵，许配的是一位老妇；或者一个少女，许配的是一位老士兵。这样，男的称妻为"老妈"，女的称夫为"老公"。年长日久，这种称谓，便一直沿用至今。

3. 本地牛食本地草。在婚嫁方面，莆田有"本地牛食本地草"的谚语。莆田男子过去喜欢娶本地的女子，认为这就像本地的牛只习惯吃当地的草一样。莆田女子以勤劳俭朴著称，莆田男子认为"客婆好食"，也就是外地女子一般都好吃懒做，这是小农保守思想的体现。"田歹蜀季，姆歹蜀世（一辈子）。"男子在选择配偶时，特别注意女子的人品，这关系到往后一辈子的生活。而女方在嫁女时，最重要的是看中女婿本人，"包树无包垞（种树的园子）"，不对其家庭太苛求，可能导致"拣啊拣，拣到蚬"。蚬旧为便宜的贝类，卖蚬的职业低贱。姑娘如果过分挑剔，错过机会最后将难找如意郎君。

第二章

莆田生育习俗

第一节 莆田人生育意愿

几千年来，人类在婚育时间的早与晚、生育数量的多与少、生育性别的男与女的偏好选择上，所形成的婚育文化，一直影响着很多人的生育行为。从根本上说，生育文化的形成和发展决定于社会经济政治文化发展，因此，我们可以从经济、政治、文化三方面去追溯传统因素生育文化的影响。

从经济方面看，传统生育文化是农业社会的产物。莆田人的繁衍历史是与莆田平原的开发联系在一起的。唐宋以来，由于莆田平原得到充分的开发，农业环境十分优越，农耕经济比较发达。而农业社会生产方式主要是以家庭为单位，劳动投入是生产发展的决定因素。男性劳动力的多寡直接制约和影响家庭生产和收入状况。这种生产方式不仅是决定男性劳动力在社会经济中居于重要的根本原因，也是人们形成崇尚偏好男性、养儿防老、喜欢早婚早育、追求多代同堂大家庭的生育观念，并由此演进出传统生育文化的经济根源。

从政治方面看，传统生育文化与传统的政治制度也直接相关。农业社会中家族是社会的基本单位，家族实力的强弱与家庭中人口的多少直接相关，从而决定家庭具有无限增加人口的要求。莆田"衣冠巨族，繁衍相望"，各家族均以各种手段来强化本族的影响力和内聚力，增强自己的实力。其中很重要的一种手段就是以人口增加来促进家族组织的发展壮大。另外，受战乱、倭寇之患的影响，统治者也有制定各种各样鼓励早生优生政策以促进人口的增加，这也为传统生育文化提供了赖以存在的政治条件。

从文化方面看，生育文化是社会文化的重要组成部分，社会文化的变迁必然直接影响生育文化的发展。莆田文化发达，是来自中原文化的输入，所以莆田地域的传统生育文化深受儒家文化的影响。儒家文化宣扬血脉延续，传宗接代，多子多福，宣扬人口多多益善。把生儿育女看成是每一个人应尽的义务。更为甚者，把增加人口不仅看做是个人、是家族的事情，而且更是治国者的责任。孔子说："地有余而民不足，君子耻之。"人口能否增加已经成为国家治理水平的一个重要标志。莆田传统生育文化正是儒家文化在生育领域的沉淀和体现。

传统因素对莆田人的生育观念有着重大的影响，也可以从独特的莆田方言中感受到这种影响力。家庭是社会的基本单位，在莆田，抚养孩子是父母的责任，"饲囝不论饭顿钱"，无法计较投入和回报。父母的言行举止对孩子有很大的影响，"好竹出好笋"。"容狗爬上灶，容囝会不孝。"父母对孩子不能太溺爱，也不必"苦（苦思）囝孙无灶前（厨房）"，什么东西都为子孙准备或筹划好。尽管"手甲面（手背）是肉，手甲底（手心）亦是肉"，但"月弥光亦不会曝粟厄"，女孩再好还是不如男孩。"囝婿（女婿）"虽说是"半子"，但和儿子还是不一样，民谚称："日头落山卧倒敧，娘囝（姑娘）担水沃荔枝。荔枝弥沃箬弥青，囝婿再好别侬生。脚踏门内是半子，脚踏门外笃耽倒。"反映了传统的重男轻女观念。儿子要自己生的才亲。

第二节　女性备孕与生产禁忌

自古以来，生儿育女都被看做是和婚嫁一样的人生神圣大事。人世间，最伟大的创造莫过于生命的创造。一个鲜活生命的呱呱坠地后，如何使它身心健康地成长，就成了整个家庭和社会格外关注的问题。因而，在长期的社会衍变过程中，逐渐形成的生育文化也就蔚然成风了。从母亲怀孕到孩子降生、百日、满月、周岁以及成人，习俗纷杂、礼仪繁多。

1. 求子

莆田民间笃信"不孝有三，无后为大"的古训，莆田妇女婚后希望早生孩子，一般家庭婚后第二年即有新生命的诞生。如果已婚妇女久未怀孕或未生育男孩，就会受到歧视。因此，为了尽早生儿育女，传宗接代，各种形式的求子活动也随之出现。

较为常见的求子方式是向神灵祈祷。一是祈拜观音娘娘。观音送子的观念是家喻户晓、妇孺皆知的。莆田民众认为观音是法力无边、无所不能的菩萨，很多老百姓到观音庙里去烧香或家中供奉观音神像，主要是为了祈子，保佑自己生下一子，等到孩子出生之后，求子人家要备祭品谢恩还愿。还有的人把供奉在神像面前的面龟、柑橘等带回家，等得子之后，再加倍偿还。二是祈拜妈祖。莆田不少地方，在妈祖生日那天都要到妈宫（天后宫）祭拜，然后抬妈祖出游。这时，那些结了婚而未有子嗣的人最为踊跃。他们认为能为妈祖抬轿，就能得到妈祖赠福赐子。而那些无能力为妈祖抬轿效劳的，就站在路旁，等妈祖圣驾经过时，摸一摸妈祖轿，也算是沾了光。湄洲已婚未育妇女还将妈祖神像头上的花互换来求赐孕。妈祖是海神，同时又是赐子的神祇。《三教搜神大全》载：妈祖"尤善司孕嗣，一邑共奉之。邑有某妇醮于人，十年不孕，万方高祷，终无有应者。卒祷于妃，即产男子嗣。是凡有不育者，随祷随应。"三是祈拜陈靖姑。陈靖姑是莆田古代的另一位神女，她诞生于唐朝末年，父亲是莆田醴泉半岛（即现在秀屿区东庄镇）竹林村人。她自小拜师学道，学成后为民除害，保佑妇女儿童安康，深

位于莆田湄洲岛的妈祖庙建筑群，祖庙的分灵庙遍布世界各地

受百姓爱戴，自唐至清，历受15次褒封，封号从"临水夫人"直至"顺天圣母"，成为古代民间妇婴的保护神。至今，秀屿区东庄镇竹林村嵩山仍造有祀祭她的祖庙。莆田民间，凡女子结婚未育的，过去很多人都怀着求子心愿到嵩山陈靖姑庙焚香，并带走妈鞋一只（用布做的小鞋），达到心愿后，备五果六斋敬奉，并送还妈鞋一双，供后人再用，据说有求必应。此俗在莆田民间，特别是沿海区域盛行。

另外一种求子形式，就是以"灯"谐音"丁"以求子。新婚当晚闹洞房中有麒麟送子（即送孩儿）和抱出灯节目，其中"送房兄"双手捧圆盘，盘里放着"瓷孩儿"，后面跟着提灯、捧烛和捧果盒的，组成队伍入洞房"送孩儿"；还有抱出灯，出灯即出丁，表示早生男丁之意；以及在洞房的新床前挂百子灯，等等，这些都寄托着人们求子的美好愿望。此外，莆田各地正月，特别是元宵夜都有举行游灯活动。关于"灯"，人们不知寄托了多少愿望，因为这是关乎一个家庭"香火"能否承继的问题。每到各乡各里"闹热"时，人们就会主动在夜里"老爷"出游时，手里提着一盏灯，跟着神像一路游行至各姓宗祠里，在"老爷"落座后高高举起灯笼，以求财丁兴旺。游完神后，各姓人家都用三牲或五牲果饼酬谢神明，以祈得子。

以"灯"谐音"丁"以求子的还有一种与九鲤舞有关。《九鲤舞》流传

妈祖出游时人群鼎沸，人们都期盼能得到妈祖的祝福

于莆田市黄石镇一带,是始于明代的民间舞蹈,其道具制作和舞蹈口诀由家族身教口授传承下来,从不外传。该舞蹈原是一种带有祈福驱邪色彩的民俗表演活动,而后逐渐演变,至今成为寓意吉祥的节日欢庆舞蹈。《九鲤舞》以九种精致的鱼灯为道具作舞而得名。所谓九鲤,并非九条鲤鱼,而是一蛟八鱼九种水族:蛟、鳌、鳜、鲈、鳍、鲤、花鱼、金鱼。民间根据"鲤鱼跳龙门"的民间传说,取鲤为代表,命名为"九鲤舞"。九鱼之中,以蛟为首,象征吉祥。按当地习俗,逢龙年时才于元宵节舞一次《九鲤舞》。即每隔十二年才举行一次活动。但如发生严重灾情或瘟疫时,也可破例举行。此时活动的目的在于求雨、驱邪、祈求丰收等。在莆田民间有"割须求子"的习俗,就是在元宵节举行九鲤舞时,一些未生男育女的妇女,事先把铜钱用红纸包好,待九鲤行舞时,用剪刀剪掉蛟灯上的龙须,然后挂上红包。因为"龙"为贵,"灯"与"丁"谐音,以此讨个"贵丁"的吉利。

在莆田求子中,到九鲤湖祈梦也是一大特色。九鲤湖位于仙游县城东北约二十多公里的万山之巅,它是由火山喷发和岩浆活动所形成的一个天然石湖。湖的名称由来,有说是汉代河南临汝县何氏兄弟九人来此隐居,九漈飞瀑象征九兄弟,鲤湖形若鲤鱼,跃然活脱,是以得名。有的说是汉武帝时,江西临川县何氏九兄弟背父出逃入闽,沿途历尽千难万险,后炼丹于仙游县石湖上,以丹饲湖中鲤,鲤尽化龙,九兄弟各乘其一飞天成仙,九鲤湖因此得名。这些虽系传说,但此间山水多带"九"和"仙"字命名,却是事实。

祈梦是九鲤湖的一大特色,相传蔡襄、唐伯虎、李光地等历史名人都来过这里,祈求九仙为其指点前程

如"九里湖"、"九漈飞瀑"、"九鲤山"或"九仙山"等。还有山上道观称九仙祠，祠中九尊神像称"九仙"。这里山雄水秀，风光旖旎，确是大自然鬼斧神工的天然杰作。景色之绝妙，可与甲天下的武夷山水相媲美，人们誉其为福建之"一绝"。从古以来，文人骚客纷至沓来，至今尚留下不少题刻和赞咏。如明代林有恒的"蓬莱第一"、林俊的"碧水丹山"、陈所有的"午虹晴雨"和"九天珠玉"、李翱的"观瀑"和"玄珠"，以及当代名人的"飞雨奔雷"等。当谈论九鲤湖山水美不胜收的时候，谁都会津津乐道九鲤湖仙梦，以神奇、灵验而蜚声全国，同时被载入诸多典籍，主要有《庚巳编》、《异林》、《南中纪闻》和《说听》等。这些典籍中不乏祈梦得子的传说。

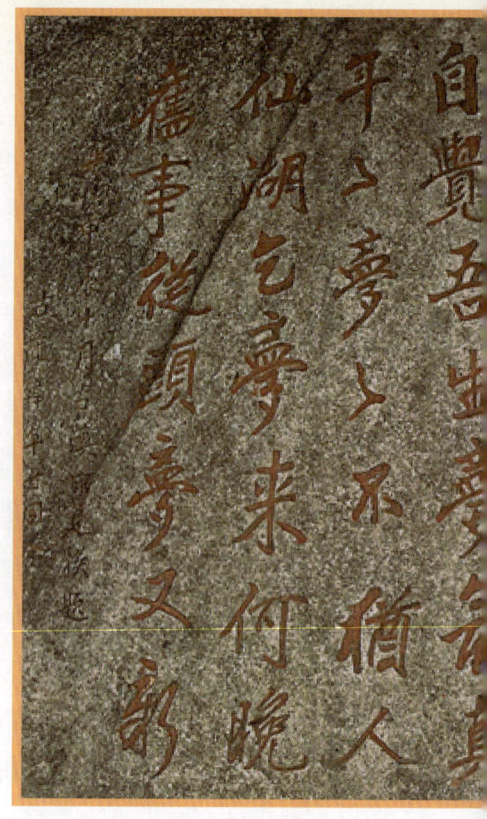

九鲤湖还留下了许多祈梦文化的摩崖石刻。图为清光绪年间兴化府通判宋廷模诗刻，曰"自觉吾生梦最真，年年梦梦不犹人。仙湖祈梦来何晚，旧事从头梦又新"

2. 生育禁忌

在重子嗣的中国传统社会，怀孕是一件喜事，俗称"有喜"。妇女一旦怀孕，婆家会尽可能增加她的营养，减轻她的劳作，并开始养鸡、养鸭等，以备产后之用。为了安全、顺利地度过十月怀胎的漫长日子，民间形成一系列约束孕妇和提醒家人的禁忌惯例，内容繁多，几乎涉及生活的各个方面。

（1）"有身喜"禁忌

莆田民间普遍相信胎神的存在，认为胎儿的灵魂有神明附着。胎神可能潜伏在孕妇的寝室、住宅或任何器物上，而且随着孕期的变化，胎神的位置也会改变。因此，怀孕期间有很多禁忌。

孕妇不能接触嫁娶和丧葬。孕妇不能参加别人的婚礼，不能观看嫁娶，到新娘身边去，忌摸新娘的轿子、嫁妆，忌到洞房里去，忌触碰洞房里的东西，忌出席喜宴，以免喜冲喜。孕妇不能观看和参与丧事，不得以手触摸死尸或棺木，忌食葬仪食品，忌受丧家赠物，忌摸丧葬用具，以免"凶冲喜"。

孕妇禁动剪刀和拿针线，他人也不得在孕妇房内有此举动。孕妇房内的所有器物，特别是床铺，忌任意搬动，不能修房舍，墙壁剥落或有破洞，都不能涂补，禁在孕妇房内捆绑、穿凿、打钉、夹扎。若有违犯，俗传会得罪胎神，轻则胎儿五官破相、肢体受损，或畸形，或残疾；重则胎伤子夭。

孕妇不能去烧火堆，否则所生孩子脸上或身上会出现大块紫斑，经久不褪。孕妇不能数汤圆，否则生出的孩子脸上会有白斑。在莆田，孕妇或在口袋里装一枚铁钉或在腰间绑一双筷子（有的在后背插一双筷子），意为给胎儿撑住骨架，以免来日孩子骨头软。

旧时，孕妇必须在婆家生产，忌于娘家或他人家分娩。

(2) "坐月内" 禁忌

产妇分娩后，须静卧精心调养一段时间，通常为一个月，俗称"坐月子"、"坐月内"，一般不能出门。在此期间，产妇的卧室称"月内房"，不让外人出入，任何人如进"月内房"，不能入宫庙，不能见神明。对于"坐月内"的产妇来说，有关的禁忌和约束就更多了。月房要紧闭门窗，房门除有人进出外都要关紧；产妇在室内不能扇扇子，要用毛巾或长幔包头，防止"头风"；产妇不可出房，大部分时间要待在床上，饮食和洗漱都有家人负责；产妇禁碰冷水，洗脸、洗手都要用热水，不可洗头、洗澡，最多只能以热水擦身。

莆田十分重视产妇的月里调养，"坐月内"产妇的饮食十分讲究，既要注重营养以滋补身体，又偏好热性食物以驱风寒，还要有益于奶水的分泌以哺育婴儿。在莆田民间，产妇产后一个月间，主要以鸡肉、干饭、素面、龙骨等为主食，尤其是鸡肉，吃得特别多，一个月大概要吃十几只。点心一天要分上午、下午及午夜三次，主要是五味汤，有芡实、红枣、龙眼干、柿饼干、莲子。产妇忌吃水果、蔬菜等生冷食物，担心引起"回奶"，导致奶水不足。产妇忌站着吃饭，只能坐着进食。

婴儿降生后，向邻居妇女乞来乳汁喂给他吃，说是婴儿吃别人的奶易长大，俗称"食平安"。在莆田，刚生下的婴儿不能用裤子去包，否则这孩子以后可能胆小畏怯，不敢抛头露面。见到人家抱着婴儿，忌说"长得好看，长得胖"。

第三节　新生儿的特殊节日

人的诞生，俗称"生日"。婴儿降生，是人生的开始，也是人生的大事、喜事，家人欢欣，亲朋相贺。在莆田，诞生礼非常隆重，在婴儿降世后要持续整整一年。

1. 婴儿出生报喜讯

婴儿出生后，男方遣人具礼向产妇的娘家（外家）及其他亲友乡邻通报喜讯，称"报喜"，或"报生"。莆田多于产后立即报喜，仙游多在产后第14日。在仙游，产妇家炒面、捏豆饭团、煮红蛋分送远亲近邻，也有以"米丸"（用糯米、花生、紫菜、虾仁等做成）各两个作为报喜礼物；亲友则回送蛋、面、肉等。在莆田，娘家送来的礼物中，蛏干、虾肉、蛋、线面等几样必不可少。在莆田一些地方，到娘家报喜后，生男者，娘家送婴儿两件衣服，生女的只给一件。在仙游，生男的，亲友送来的礼物或4包，或6包，成双数；生女的则是单数，多为3包。

2. 婴儿满月仪式多

婴儿出生满一个月，叫"满月"，俗称"出月"。其仪式繁多，风俗独特，为全国所鲜见，主要有以下几项：

（1）外婆送家。当婴儿出生第14天，要举行个仪式，叫"十四朝"。外婆家要备办周全的满月礼物，如婴儿的手镯、脚镯、银锁、童衣、童帽、童鞋等多样礼物到女儿家来贺喜，其中褟裤一项为必备礼品。这些礼物一般包括红蛋一百多个，铜钱数百枚，铜钱双面涂满雄黄，俗称红钱；烧汤沐浴用的喜干果，如荔枝干、桂圆干、胡桃、红枣、青豆各数十粒；各式各样的婴儿帽，每顶帽缀上金银制的八仙或金、银、玉制的"福"、"寿"及其他珠宝；银制或玉制的长命锁、玉器、小手镯等。同时，还要送产妇必需的营养品，如公鸡、番鸭、鸡蛋、蛏干、虾肉、鱿干、墨鱼干、花生油、豆腐皮线面、糯米、黄花菜、红菇、桂圆干、红枣、莲子、芡实等。有的外婆家礼厚的还备办盘担到女儿家祝贺,许多亲戚、朋友和邻居也参加一般礼俗,送礼物到产妇家。婿家除返回一部分红蛋外,其余全收。

（2）沐浴婴儿。婴儿满月那天,要给婴儿沐浴（洗澡）。莆田人给新生儿洗澡为"洗乐"。先用牲礼谢神告祖,然后要用"午时草"（即端午节留下的菖蒲、牡荆等干草）烧汤给婴儿沐浴,再把染红的铜钱12枚,俗称红钱,放入浴盆（莆田称脚桶）中,请福寿双全的老奶奶替婴儿沐浴,也有由外婆或婴儿的自家亲人围着浴盆给婴儿沐浴。沐浴后的水,请邻居的四个男童抬出,倒在树根上,预祝婴儿像长青树一样,根深叶茂、茁壮成长。那12枚红钱就当做给男童的赏赐。一些地方还把染红的铜钱分给前来看热闹的人,称之为"分红钱"。邻里孩子来看婴儿沐浴的,每人送红蛋1个,但以鸣炮前在场者为限。

人们在端午时采购的菖蒲、牡荆等干草称"午时草",用其煮沸过的汤汁洗澡有平安驱邪之意,为广大群众所喜爱

（3）剃发画桃。婴儿沐浴后,由外婆或福寿双全的老奶奶用洁净的剃头刀给婴儿剃去脸毫和头发,只在婴儿的囟门地方留下一小撮,俗称"刘海",以保护未吻合的脑门。莆田人将胎发拌以香粉等装入小袋子中,悬于帐顶,认为这样可以镇邪,保护孩子。然后,由婴儿的父亲或祖父用毛笔蘸雄黄拌的胶水,在婴儿头顶画一个仙桃,以示婴儿邪气难犯,健康长寿、聪明伶俐。莆田民间说小时头顶没画桃,长大后不聪明,易受骗,日常人们对小孩被人戏言骗了,就笑他"头顶没有画桃",即出此俗。婴儿经过沐浴和剃发后,要换上新的童装,戴上绣有福或寿字的小帽;一些人家还在小帽前沿上缝着一撮兽毛,以避邪,还在婴儿的脖子项上挂"长寿锁"。同时,婴儿的母亲穿着大红的衣服,髻上插柏叶,以示长命百岁、母子永康之意。然后,母亲抱着婴儿到厅堂拜天地、拜祖先;到灶房拜灶公、灶妈,再拜长辈。在场的长辈亲友将事先给婴儿备好的红包,挂在婴儿的脖子上,俗称"挂脰",

以祝愿婴儿健康平安。经过一番庆贺之后母亲将婴儿第一次放在木制摇篮里，让婴儿安稳地睡眠。

(4) 喜分红蛋。满月的这一天，婴儿家都要给外婆家和亲朋好友以及邻居分送用桃红染煮熟的鸡蛋。分红鸡蛋表示婴家很体面。分蛋的数量，视关系亲疏而定。一般给一双（2个）或两双（4个）。给外婆的回礼，至少要给五双（10个）。在一些农村生男婴时，除给红蛋外，还要用大米磨粉，拌成米浆后，在蒸笼内一层又一层地蒸成米粿，并用桃红染在粿面上，俗称早起粿。技艺高的蒸成九层粿，意即子孙兴盛。女婴满月时，则分送用大米制成的雄粿龟，预祝下一胎生男婴。

(5) 办出月酒。莆田民间婴儿满月，一般人家都要办出月酒。富有人家，妇人若生男儿，更是把满月这喜当做显耀门庭的机会。除了大办出月酒宴请宾客外，还要请戏班演出。按莆田风俗，婴儿满月时，一般多请木偶戏演出，热热闹闹地庆祝一番。

3. 婴儿四月可开荤

婴儿满四个月的时候，有个仪式叫"做四月"。满四月时，男孩子要穿黑色或蓝色的衣服，女孩子要穿花色衣服，然后戴上"帽条"（即头箍），寓意以后就不"畏惧"蚊子了，会更健康地成长。产妇的娘家需送黑衫仔、小棉包（俗称"风包"）来贺喜，还要用煮熟的"羊尾"或"猪尾"给小孩子抹嘴，叫"开嘴"、"开荤"。以后，小孩子就可以开始吃荤了。

4. 对晬择物试志向

幼儿满一周岁，莆田民间称为对晬。《东京梦华录》云周岁试儿，亦曰试晬。周岁对晬或抓晬、抓周的风俗，古已有之。

莆田民间对幼儿周岁抓晬十分重视，其礼俗也十分隆重。因对晬试儿志向，确实牵动了不少父母的心。幼儿周岁那一天，外婆家送来幼儿的衣饰、鞋、帽和车椅轿等贺物。母亲抓紧给幼儿穿上新衣，戴上新帽，然后抱着幼儿到厅堂中去抓晬。

厅堂的中央地上置放着一个大竹盘，俗称"大笠盂"。大笠盂内放一个百眼竹筛，俗称晬盘。其中放书本（旧时多用《孝经》）、毛笔、钱币、印章、镜子、量尺、小秤子、算盘、染红鸡蛋、红团、红粿龟以及小玩具等物品。这时，母亲小心翼翼地把幼儿放在大笠盂内，供幼儿抓取，以预测幼儿未来的爱好、性情、志趣、职业、前途和命运。这种做法和想法，反映了许多父母对儿女的祈盼。这些父母认为，如幼儿先抓书本或毛笔，就预示孩子将来聪明好学，能读书做官；先抓钱币，就预示将来能发财；先抓算盘，就预示孩子将来善于经商；如

抓周时在筐内放置算盘、笔尺、书本、钱币、称、糕点等物，任由小孩抓取

抓红团、红粿龟，说明孩子健壮长寿；小女孩如抓量尺，说明长大以后善理家务；如果先抓玩具，那就说明这个孩子以后贪玩。

幼儿抓晬的仪式结束后，即行祭祀祖先，礼拜父母长辈。然后由幼儿家分送红团、红粿龟给邻居和亲友。富裕人家在幼儿抓晬时，还请戏班或木偶戏演出，并备办酒席，宴请亲朋好友。

5. 周岁期间祭婆姐

莆田民间传说"婆姐"（即临水夫人陈靖姑）是保护婴儿的女神。婴儿在一周岁中，每月"初二、十六牙"都要去摇篮边祭婆姐。祭品为一盅福饭，加点白糖，孩子四月后可用一碟小菜（鱼或肉）代替，祈求婆姐对婴儿多加保佑。

6. 婴儿命名寄期望

过去，民间婴儿初生一般不命名，男孩多以"红仔"、"阿"、"仔"，女孩多以"阿妹仔"、"阿妹"等为代名，后由族中长者为其命名，一般按辈分或伦序定。20世纪50年代后由孩子的祖父或父亲自行命名，不受此限制。莆田人民一向勤劳朴实，男子取名，多用"福"、"禄"、"喜"、"富"、"贵"、"金"、"财"、"宝"、"文"、"才"、"通"、"顺"、"添"、"发"、"德"、"善"、"美"等吉祥美好的字眼，或用"毅"、"信"、"志"、"雄"、"军"等具有阳刚之意或"振华"、"国庆"、"解放"等富有时代精神的字眼命名，寄托人们的美好愿望和祈求。

民间往往按算命先生指出的孩子"五行"欠缺情况，取名时着重选相应

的"金、木、水、火、土"等生僻字,以求通过"生克"而达到"五行"平衡。还有为了孩子平安,男儿取女儿名字,或以动物取名,如"阿猪"、"阿狗"、"阿狮"等,有的故意取难听的名字,如"菜饼"、"恶仁"、"会吼"等,令"邪魔"无心作祟,以保平安。

旧时女孩虽也命名,但大多属于过渡性小名,作为男子附庸,出嫁后由婆家随意摘取娘家地名或居住方位,另号新名,如"福州"、"涵江"、"新厝"、"下厝"、"小厅"等。

7. 歌谣谜语做启蒙

每一个人都有自己的童年,但童年的味道却不一样。有的甜,有的苦;有的平淡,有的坎坷。一百个人就有一百种童年。不管是哪一种童年,都有一样肯定是相同的,那就是伴随童年的儿歌童谣和各种谜语、游戏。

(1) 儿歌童谣

儿歌童谣就像一枚青橄榄,留给中年人记忆、老年人回味。人们在听到熟悉的儿歌时,都会怦然心动,不能自已,随即勾起遥远童年的回忆。莆田风俗,从婴儿起,母亲或亲人在带婴儿时,都给他们唱儿歌,如:

> 正月初一早,梅峰去骑马;
> 马骑痹呀痹,庙里去看戏。
> 戏做滚呀滚,后街吃米粉。
> 米粉煮蛾蛾,去厝吃糕带配茶。

现在的儿童也有自己的儿歌,但比较文雅、老成,最好还是用普通话来念。过去的儿歌则比较粗俗、天真,只能用莆田方言的白话来念,才有韵味,响亮动听。过去的儿歌只有句子,没有完整意思。这些儿歌伴着婴儿成长,只要唱上一遍就永世难忘。如:

> 旺菜青,苋菜红,
> 大姑煮,小姑捧,
> 捧到桥头孔。

虾吹笛，蟹拿空，
草蚂举旗打锣鼓，
水鸡担盘嘴凸凸。

又如：

拖垄几呼呼，老鼠请阿舅，
阿舅未曾到，老鼠去煮罩（饭），
罩煮未曾熟，一仔一块肉，
肉还未曾买，一仔一个蚬，
蚬还未曾磨，一仔一戈箩，
箩无耳，交给天顶雷公老爷视。

以莆田方言吟唱的歌谣有悠远的历史，它植根于社会生活的最底层，具有广泛的群众基础，由群众口头创作、口头流传、通俗易懂、形象逼真、丰富多彩。其内容多与时事、民俗息息相关，脉脉相连，最能反映人民生活的真实面貌。对于丰富民众文娱生活和儿童的启蒙教育，曾起过相当重要的作用。这些儿歌、童谣用方言唱起来朗朗上口，便于记忆，具有浓郁的乡土民情特色，是儿童最早的启蒙读物。

（2）谜语

许多谜语以百姓常见、熟悉的事物为谜材，谜面语言朗朗上口，易记易传，对儿童更加形象地认识事物有很好的辅助作用。如"天上一窟窿，地上'兼兼脏'"（肮脏）（打一农家用物）。谜底是鸡笼。莆田农村所用的鸡笼通常用竹篾编成，圆形，顶上留有小圆洞，便于提携，所以形容为"天上一窟窿"，而笼里铺上干草，由于满是鸡屎，须不时更换窝草，故言"地上"肮脏。此谜语直观形象，通俗易猜。

如"一块红布包猪血，'兴'（扔）过墙，摔扁扁"（打一水果）。谜底是红柿。红柿熟后果皮是红的，其果肉也是红的，所以比喻为"一块红布包猪血"，红柿质软，扔过墙自然会摔得扁扁，甚至摔成一团泥。此谜语亦形象生动。

如"'尼衰'（衰萎）'尼衰'，有嘴无'假摔'（屁股）"（打一家庭用物）。谜底是麻袋。莆田方言"尼衰"是衰萎、萎缩的意思，"假摔"是屁股。麻袋是用麻积物或布缝制成的，质地柔软，在没有装盛谷物时，像是萎蔫了的花草，萎缩一团，由于只有上面一个口，底部密封，故称有嘴没屁股，此谜语朗朗上口，趣味横生。

如"弯弯一个蒂，直捅你'后置'（后面）；'巾巾'（用力的意思）二三下，'白糕'（白汁）流地下"（打一农家活）。谜底是拉磨。莆田农村用石磨来磨豆浆或米浆，通常使用丁字型木制推手架，架末端有个短铁棒，插在上石磨柄上，推磨的人用力旋转推手架，便带动上石磨旋转，旁边的人不时把浸过一定时间后的豆或米舀进上石磨的窟窿里，豆浆或米浆便顺着下石磨的口流下来。此谜把推手架上的短铁棒比喻成一个蒂，插在石磨的木柄上。把豆浆或米浆比成"白糕"，都十分形象生动。但如今石磨被淘汰了，农家都用机器来磨豆浆和米浆了。

如"一个田螺两个'瓮'（洞），两条大蛇'浪啊浪'（露出的意思）"（打五官一）。谜底是鼻子。把鼻子比成田螺，两个洞即两个鼻孔，把流鼻涕比成露出的蛇，都很鲜明、形象、生动、有趣，且顺口，通俗易懂。

第四节 文献名邦与后代教育

莆田自唐、宋、元、明以来，素以"文献名邦"、"海滨邹鲁"著称，人才辈出。莆田地域自唐至清共产生了二千三百多名进士。在众多进士中，获状元及第的有薛奕、黄公度、郑侨、陈从龙、吴叔告、陈文龙等12人，获榜眼的有7人，探花的有5人。近现代，更是孕育各类人才五万多人。这与社会上长期以来普遍重视对青少年读书教育是分不开的。

1. 中原士林文化影响

中原汉人南迁，给莆田带来文化，也带来占主导地位的儒家思想。那些原来就是官家士族，他们入莆定居后，保持了中原士林文化教育传统，中原士林文化的优越感和自豪感在这里得到承传与延续,因而造就莆田尊儒兴学的浓厚氛围。特别是中晚唐之后,北方移民大量进入莆田、仙游,他们中间有许多人是官宦家族。据文献记载:

刘韶:"固始人,随王审知入闽,官泉州别驾,卜居涵江。"

傅姓:"其先由光州固始随王潮入闽,官泉州。"

方姓:"周方叔之后。东汉宏避地丹阳,因居歙县,世为豪长。唐泉州刺史取述者,宏之苗裔。歙、睦最近,公之六世祖,唐季之乱,由睦州徙家泉州兴化县。曾祖讳京,仕伪唐为清源长史。"

陈洪进的家族:"其先世临淮人,曰珂者,因官入闽,居泉州仙游。兵阻道绝,乃留不还。"

叶氏:"先居丹阳,在唐梁之际,有官于泉州者,属兵戈起,因留官下,子孙遂为今兴化军仙游人。"

这些官宦家族大都有重视儒学的传统,他们定居于莆田、仙游,大大改变了当地的文化气氛。如仙游郑元弼的八个儿子"俱博读文典、坟典,文采华艳,仍工九成宫书,时人号曰'郑家八虎'。又歌曰:'贾彪三虎兮往代,荀爽八龙兮典载。名不朽兮人不逢,人不逢兮名空在。荥阳八虎今成群,见之避之走纷纷'"。郑家子弟之才干由此可见。翁承赞骄傲地宣称:"过客不须频问姓,读书声里是我家";"人家不须论贫富,惟有读书声最佳"。莆田出现了福建最早的藏书楼——徐寅家塾万卷楼。宋人评价莆田,"其邑唐季多衣冠士子侨寓,儒风振起,好小稷下焉"。又如陈说所说:"吾莆山川清淑,风俗淳美,民生其间,率多秀异,耻事未作,一归于儒。自唐距今历纪数百,如节行扬芳,文学垂范,代不乏人。"

大致说来,自中晚唐开始,北方仕宦大族中有不少人进入福建定居,其中进入莆田、仙游的家族较多。莆田位于海疆一隅,北有闽江,南有晋江、洛阳江,发生于政治中心的战乱一般不会波及莆田。从唐代到宋代,除了唐末黄巢入闽造成一定破坏之外,莆田一直保持着和平的局面。即使是在闽国灭亡的动乱时期,福州、建州都卷入战乱,唯有莆田仍然保持安定。所以,当地有句俗语:"先打南,后打北,留取清源做佛国。"因此,北方南下的官宦世家能在莆田、仙游定居下来。这些家族具有重视儒学的文化传统,来到异乡，仍然以儒学传家，从而在莆田、仙游形成了良好的社会风气。重视儒学成为一时风尚，在这一环境下，莆田人才辈出，尤其以文学之士为多。

2. 官府重文政策推动

从中唐以来，在福建做官的儒者便以提倡儒学为教化的基本方法，其中最为著名的是李椅与常衮。李椅为唐朝宗室，大历年间任福建观察使。任内大建福建学校，"是以易其地，大其制，新其栋宇，盛其俎豆。俎豆既备，乃以五经训民，考校必精，弦诵必时。于是，一年人知敬学，二年学者功倍，三年而生徒变，贤不肖竞劝。家有洙泗，户有邹鲁，儒风济济，被于庶政"。由此可知，李椅任福建观察使的三年内，福建儒学面貌大变。李椅之后，建中元年（780年）前宰相常衮任福建观察使，欧阳修《新唐书·常衮传》记载："始闽人未知学，衮至，'使作为温州，亲加讲导，与为主客均礼，观游燕飨与焉。由是俗为一变，岁贡士与内州等'。"唐代闽人在很大程度上被北方人视为"闽蛮"，而常衮却以前宰相的身份与福建士人平等论交，这使闽人真正感到儒学"四海之内皆兄弟也"原则的价值。其次，由于常衮的推荐，闽士欧阳詹等人"渐声腾于江淮，达于京师"。唐代，一个文士要出名，得到重臣欣赏是必备的条件，由于此故，李白、杜甫等名士都得周旋于豪门，而且常吃闭门羹。他们为此而辛酸地悲歌，载于诗史，大家都很熟悉的。从这一大背景看来，得到前宰相常衮的推荐是相当不容易的，而常衮对闽士的破格待遇，显然与唐政权扶植南方的大前提有关。由于常衮在朝廷有相当的影响，闽士日益受到重视，欧阳詹、林藻、陈通方、周匡业等人相继中举，给闽人以极大的冲击，其中，泉州欧阳詹与韩愈同榜中进士，成为享誉国内的名人。人们由此认识到可以通过儒学出人头地，乃至光宗耀祖，于是，大家纷纷教子读书，形成一种风气。

3. 教育体系完备发达

"重教兴学"是莆田传统的优良社会风气，莆田不仅有从师习儒的良好风尚，境内各类学校遍布城乡各地，既有官学又有半官方性质的书院，还有更多的书堂和学塾以及相应的大量藏书等，形成了较为完备、发达的教育体系，为四方学子蔚然而起、一心向学，进取科第，提供良好基础。

书堂：为民间私学。梁陈时，先儒永泰人（祖籍荥阳）郑露在南湖边筑庐，"构书堂以修儒业，作篇章以训子弟"。书堂据南山之胜，依山傍水，湖光山色，景色宜人，后人称为湖山书堂（今广化寺讲堂）。

湖山书堂不仅是郑氏三兄弟（郑露、郑庄、郑淑）读书的处所，还吸引了莆域的其他子弟入堂就学。郑氏三兄弟读书有成，郑露官居太府寺卿，郑庄为中郎将，郑淑当了常州别驾，这极大地刺激了莆域人的向学之心，给莆域人以深刻的影响。而郑氏也把发展莆域儒业为己任。除郑露继续在南山课授儒学外，郑庄、郑淑深入游洋山区发展教育。郑庄在浔阳（今象溪）建浔阳书堂，郑淑在游洋建巩桥书堂。如果说郑氏三兄弟在莆田只是播下了文化教育的种子，那么到中唐时，莆田的教育之花已经盛开。莆田、仙游两县于开元年间（713~741年），先后建立县学，也称夫子庙学。各地书堂（含精舍、书斋、书轩）纷纷设立，其中较著名的有澄渚书堂，为林蕴、林藻所立。此外，还有灵岩精舍、福平书堂、东峰书堂、漆林书堂等。这些书堂的建立，是莆田初期文化发展的象征。因书堂以家庭为单位创办，有的不被史书所载而无名，至南宋初，境内开设的书堂有据可查的已有三十多所。书堂原是以家庭为单位创办的，后逐步演变为民间办学形式，它是兴化文化生长的摇篮。

南山广化寺，与福州鼓山寺、厦门普陀寺、泉州开元寺并称福建四大丛林，湖山书堂即位于广化寺内。南朝永定二年（558年）秋，郑露夜梦锡僧乞地建庵，遂将书堂改建为金仙庵（在今广化寺大雄宝殿南侧，另择地于西峰，筑"湖山书堂"，遗址犹存）。隋开皇九年（589年），郑氏兄弟又献旧宅扩建金仙院。唐景云二年（711年），睿宗赐名"灵岩寺"，柳公权书匾，"湖山书堂"也易名为"灵岩精舍"

兴化府学，宋咸平元年（998年），诸生方仪、陈诩捐钱30万缗，首筑兴化军学正殿，塑孔子、十哲像。元朝，改称兴化路学，筑杏坛，建尊德、尚贤二堂。明洪武二年（1369年），改称兴化府学。光绪三十年（1904年），诏令罢科举兴学堂，于是府学废。泮池、广桥遗址今存与莆田擢英中学校内。左图为兴化府学旧时留存的孔子殿。右图为明正统十三年（1448年）重修的兴化府庙学碑，至今仍矗立在莆田擢英中学

书院：多为民间有识之士所建，受到政府赞助，属半官方性质。莆田早于唐代便有仙游九座寺的东山书院和麦斜岩的文昌书院。南宋时兴化教育空前发展的时期，书堂的办学形式已远远满足不了社会的要求，又先后兴办了涵江、寿泽、水南、瑶台、文峰、岩凌云、钟山、海滨、立城、奋贤、霞峰、开文等书院。书院遍布城乡各地，成为民间重要的教育基地，为士子求学提供了非常有利的条件。大学者林迪、茅知至、郑樵、林光朝、朱熹都曾在有关书院讲学，境内一些名流也是从这些书院走上仕途的。因此，南宋王迈说莆人读书风气之浓，出秀民之多，为中州之冠。此言虽有过誉之嫌，但在一定程度上也反映了莆田兴学育才的情况。明初，由于受元代民族意识的影响，加上书院不列入学宫，除涵江书院外，其他书院渐废。这种状况直到明中叶才有所改观。清代，书院的建设继续发展，并且越来越大众化。至清光绪年间，境内共有书院46所，分布在城乡（里）各地。与书堂比起来，书院更具规模性。书院多数是在私学的基础上建立起来的，但不是对私学经验的直接搬用，而是对私学进行深刻的变革。书院既是教育机构，又是学术研究机构，有一套较为完善的人事机构和管理制度，书院接纳生员的人数多，为广大学子创造更加有利的学习条件，直接推动了教育的发展。

官学：系官办学校。唐代莆田两县均有县学。宋太平兴国四年（879年）

兴化军建立，随之建立兴化军学，兴化人有了举办贡试的权利，为莘莘学子提供考试的方便。军学因是官办的，集教学、督学、举试、藏书、教化于一身，成为兴化军教育的中心，其教育经费较为充足，朝廷按规定拨给一定的学田。如当时兴化军共计有51顷70亩学田，又有租谷千余石。此外还有许多乡绅巨富时常捐地、捐款给官学，如宋咸平元年（998年），方仪、陈诩捐30万缗建军学等。在莆田，最早形成福建的"官学"（兴化军学、平海卫学、莆田县学、仙游县学、兴化县学）体系，经费充足，学生众多。

官学教学设施较为完备，授课较为正规，同时，它行使地方教育机构的行政职能。因此，军学、县学不仅吸引大批莘莘学子从学，也为民间的书院、书堂起了示范作用。

不论官学还是私学，都聘请名师任教，其教师有进士出身的知军、知县、教授、教谕，也有致仕回乡的官宦，这些人博学多才，富有经验，教学效果很好。如：仙游茅知至"筑庐隐县西，以六经授乡里，蔡襄甚爱之"；林立之"博授生徒"，"仙邑经学之盛自立之始"；莆田的黄补，在城东讲学，与林光朝"几于齐名"；郑厚在兴化县讲学，"从者甚众"，等等。

4. 民间自觉重教育

由于中原士林文化和官府重文政策的推动，影响所及，连平民百姓都想方设法送子弟从师习儒，求学入仕的人生价值取向尤为突出。不仅官员子弟秉承家学渊源读书习文，富家子弟以读书为荣，争相入学课读；就是家庭经济略为宽裕的人家，也乐于舍金供子女读书，力争改换门庭。"万般皆下品，惟有读书高"，读书入仕成为许多人孜孜以求的目标。如唐代被誉为"闽中文章始祖"的黄滔，出身于一个贫困的家庭，在东峰书堂苦读十年，谙熟儒家经典、诗词，因无人引荐，屡试不第。在京都，他过着十年缺衣少食的凄苦生活，直到55岁才中进士。由于他的勤奋好学，

黄滔（840~911年），字文江，莆田城内前埭（今荔城区东里巷）人，晚唐五代著名的文学家，被誉为"闽中文章初祖"，图为黄滔古像

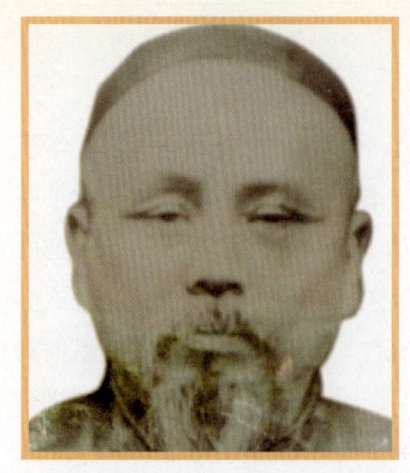

江春霖（1855~1918年），字仲默，一字仲然，号杏村，晚号梅阳山人，福建莆田人，光绪二十年（1894年）进士，历任翰林院检讨、武英殿纂修、国史馆协修，官至新疆道，兼署辽沈、河南、四川、江南道监察御史

在文学上取得显著成就，被后人誉为"福建文坛盟主"。比他稍晚的徐寅，也是生活在艰难的家庭里，他志高气远，甚至饿着肚子读书，终于学业成就，参加进士考试，试卷中"破山加点，拟戍无人"句，登进士及第。唐末著名学者黄璞，勤奋精神更是令人感动，他从小能静心苦坐，像苦行僧一样攻读，终于成为福建第一位学者，他著的6卷《闽川名士传》是福建第一部人物志。

清末监察御史江春霖，1855年出生于莆田萩芦镇梅阳村（即今梅洋村），1894年中进士，1904~1910年先后任江南、新疆、辽沈、河南、四川诸道监察御史，他不畏权贵，为民请命，造福桑梓，一身正气，两袖清风，在莆田乃至全国都是相当著名的。《清史稿》、《福建通志》和旧《莆田县志》都为之立传。江春霖在培育子女上，堪称一位优秀教育家。虽然他的子女几乎没带在身边，但他传下二十多封充满人生哲理光辉的家书，就是明证。他注重家庭教育，重视品德培养。江春霖以江家历代生动家史教育子孙后代从小养成艰苦奋斗、勤劳俭朴的良好习惯。他谆谆教导子孙"人贵自立"、"正人先必正己"、"力戒奢华"，他还著文严斥嫖赌饮陋习，告诫偶赌而赢的儿子祖莚"信到务必痛改，余朋倘再怂恿者，可以余信示之"。要子孙对"族房内如有欺负相邻，长者劝之，少者责之，责之不听，则痛绝之"，"吾辈待人，小过皆当宽恕，独作伪之人，万不可用，为其存心不良故耳"，甚至还耐心劝说已做人父的祖莚"叠禀均悉，惟字多错写，并太潦草，想为家务纠缠，致荒学业，稍有余力，仍宜将书札一门，略加讲究"。真是语重心长，无微不至！教育子孙后代在为人处世上也应当严格修心养性，成为正直无私、勤奋好学、有所作为的人。

戏曲是以独特的舞台手段展现生活、反映现实的艺术，从莆田戏的一些传统剧目中，我们也可以看到莆田人对子孙进学举业的重视。

莆田传统折子戏《大娘教子》正是表现这种意向的典型教化剧，也是当时民间家庭教育的写照和楷模。商铬幼时父亲早丧，大娘（养母）为一心抚育他而立志守节。但他不精学业，不服严训，大娘为此自断机锦。后在全家人的齐心训导下，商铬终于认识到大娘断机教子的良苦用心，励志攻读。这与莆地学风一脉相承。传统剧目《丁花春》的主题是讲如何教子成才这一民间教育的普遍性问题。剧中宣扬不靠"八字"天生命定，而凭后天刻苦攻读、显身扬名的思想至今仍有其合理性意义。在特定的历史环境中，"学而优则仕"为金榜题名而寒窗苦读，固然不能排除含有"食禄衣锦"的原始动机，但其本质行为也是对正统儒家文化精义承传和阐扬的一种方式，是崇文尚学、重学轻利精神的体现。正如《大娘教子》中大娘训子时所引的古训："养子不教父之过，训徒不严师之惰。父教师严两无处，学问不成子之罪。"它是莆田文化代代相沿的教育规范，是通过"以情为理"、"以情释理"的方式，在具有高尚教化功能的艺术舞台上的投影和再现，它浸润着莆田士子的自强意识和人生理想。

莆田历代知名学者大多官位显赫，学术精深，这在崇尚科举出仕的年代，无疑成为众多莆郡学子求学的动力。莆田戏传统剧目中也有一些剧本搬演莆田先贤名士的其人其事，如《郭尚先》、《蔡襄》等。他们作为表率，更为莆田营造了浓厚的儒风。《蔡襄》剧中就把蔡襄渲染为出生前就有"状元"吉兆，后来果然荣登榜首，光耀门楣，并在泉州知府任上建造洛阳桥，造福乡梓，受朝廷封赏有加。它将仕途学问、人格造诣由崇高而抽象的目标化成具体的事迹和传说，为后生学子树立为学、为人的表范。此外，莆田戏剧演出一般有固定的形式，如《莆剧谈屑》载，全部戏演出结束前的最后一个形式"状元游街"是莆田戏特有的仪式。从戏剧表演者角度观察，它只是一道约定俗成的程序，而从民间的角度看，"状元游街"不仅仅是一种仪式，它还是借仪式来体现、提升某种思想和境界，是一种区域性集体仪式的象征，包含着强烈的追求和目的宣示，是对科举出仕、安身立命追求的肯定和赞扬。

5. 重视女孩的教育

莆田经济兴盛和教育发达，使许多女孩子得到教育的机会。兴化习俗，男孩子识字读《孝经》始，而女孩子识字则自幼读《三字经》始。男子识字，为的是走上谋生之路；女子识字则是用于刺绣、剪纸、纺织、印染等女红或家庭手工业上的。在这种文化氛围里，那些书香世家和仕宦大族，涌现出一批杰出的女文化人，创作了大量的闺秀诗。在明末清初，兴化的闺秀诗以其独特的风格而流传于世，成为兴化文化一支独秀的瑰丽花朵。

兴化人在格律诗上有很高的造诣。兴化闺秀诗的产生和发展，是兴化教育、文化高度发达的必然结果，它渊源于唐宋时期，早在莆田立县不久就已小试锋芒，创作不少名篇。在传统文化熏陶下，古代兴化女子的文学创作不是凤毛麟角，而是"市列珠玑"、"户盈罗绮"。可惜的是，她们智慧的结晶也和许多兴化古代典籍一样，随着时序长流的冲刷而佚失。现在，我们仅从有关的历史资料中拾到一些散珠碎玉，折射出兴化闺秀诗的光彩。

在兴化历代的女诗人中，江采苹要算是兴化闺秀诗的先驱者，也是有文字可查的福建最早女诗人。她的《一斛珠》诗历代盛传不衰，并为18世纪的德国文学家歌德所翻译，对后代的兴化女子产生了很大的激励作用。

到了宋代，兴化闺秀诗已经成为一股强大的支流，为兴化文化增光添彩。宋时，仙游人蔡卞妻王氏，莆田陈筑之妾周氏，刘克庄母亲林氏，以及之后元代陈旅母亲赵氏，均为杰出的学者诗人。宋末元初，枫亭民女蔡荔娘哭祭其夫陆秀夫殉国的文章，堪称一首极其凄婉悲壮的哀歌，至今还涤荡回肠，感人肺腑。

到了明代后期，兴化的闺秀诗通过千年的积淀，此时已经是花繁锦簇，成为文献名邦的一座灿烂园林了。兴化涌现大批女诗人，传世之作较多，据现有的史料可循，共有41家，数量颇为可观，这些闺秀诗人，从一个侧面反映了文献名邦对女子教育重视的盛况。

如，黄幼藻《题明妃出塞图》：

天外边风扑面沙，举头何处是中华？
早知身被丹青误，但嫁巫山百姓家。

黄幼藻，字汉荐，明末莆田城关英龙街（今属荔城区）人。此诗后来被收入《中国历代女子诗词选》。"明妃"即王昭君，王昭君的故事家喻户晓，黄幼藻的这首诗语言明白如话，新意虽不多，但它好在大雅大俗。俗是语言通俗，雅在音节嘹亮、韵调铿锵、气韵生动。欣赏此类诗，只要涵咏几遍，就会有一种只可意会不可言传的妙悟。

周庚《秋读》：

西风萧瑟意如何，展卷风檐解积疴。
祗为白鱼能食字，却忘眉黛是春蛾。

周庚，可以和黄幼藻齐名的兴化女诗人。著有《羹绣集》，凡诗作百余首。她的这首诗生动地写出女子也能成为杰出的文化人，风韵不让须眉的气概，令人肃然起敬。

吴荔娘《题严静画墨竹》：（三首选一）

琅玕袅袅影纵横，千尺寒梢一笔成。
我看丹青先比较，此君风韵却输卿。

吴荔娘（1736~1796年），字纬卿，清代莆田女诗人，著诗集《兰陂剩稿》。她的七律《春日偶成》被清代著名诗评家袁枚誉为"晚唐佳句"。荔娘14岁那年，见到浙江吴兴县9岁女孩严静所画的墨竹，就写下了《题严静画墨竹》组诗。这组诗共有三首，都是七绝，也被袁枚收入《随园诗话》中。

陈淑英《游石室岩》：

传说岚光处处新，踏青女伴趁芳辰。
路弯几曲松成径，寺隐三间竹作邻。
石顶涌泉梳石发，山头锁雾着山巾。
许多佳景添诗兴，便欲留题怕见人。

陈淑英（1808~1877年），号德卿，莆田黄石壶塘村（今属荔城区）人。

工诗，善集句，著有《竹素园诗集》。其作品"气含孤秀，词综众妍，近体累累如贯珠，与唐音尤合"。陈淑英的《游石室岩》诗系春日游石室岩所作。石室岩在城西凤凰山山腰北侧，"石室藏烟"系"莆田二十四景"之一。这首诗既把山写活了，也写出了女诗人特有的情态，显得生趣盎然。

  在旧时，许多优秀女诗人的婚姻悲剧，导致了她们一世才华的悲剧。如，在明代后期众多的女诗人中，较突出的还有徐玉英、徐淑英和徐德英三姐妹，是徽州同知徐廷龙的女儿。其中，徐德英在父母的作主下，嫁到了澄渚村，成为布政使俞维屏的孙媳妇，这位才华出众的女诗人，丈夫却是个纨绔子弟。新婚之夜，德英指着两台砚池，出个上联："点点杨花入砚池，近朱者赤，近墨者黑。"让新郎对出下联，这位俞公子张口结舌，说不出句子。德英笑着说："为什么不说'双双燕子飞帘幕，同声相应，同气相求。'"徐德英从此就像汉代不得志的贾谊一样抱恨终生，"时行笔墨"。

  总之，莆田"重教兴学"的社会风气，不但促进教育事业的发展，而且也造就一大批文人学者。他们以"地瘦栽松柏，家贫子读书"为荣，奋发进取，严谨治学，文风昌盛，著书立说者比比皆是。据统计，历代莆田人的著书有两千多部，凡数万卷，内容涉及哲学、史学、艺术以及自然科学等领域。单被收入清乾隆《四库全书》的就有43部831卷。其中不乏有举世瞩目的名著。据不完全统计，近20年来，有关出版部门重点出版发行的莆田人古代著述就达25种左右，莆田历代著述不但流传广，影响大，而且价值高，成为我国丰富的文化典籍。

第三章
莆田婚育习俗在台湾地区的传播

> 文化远距离的传播，有赖于人口的迁移。莆田婚育习俗在台湾地区的传播是通过莆田人移居台湾来实现的。历史上，莆田人移居台湾源源不断，这对莆田婚育习俗在台湾地区的传播产生了巨大的影响。

第一节 莆田人迁移台湾的基本情况

莆田与台湾间，相隔最近的海路仅七十多海里。据卫星照片显示，3800年前，莆田地域的木兰溪在今新度镇青宅入海，流经南日岛后延伸到澎湖岛附近，如今的海底仍存留有这条古海道。莆台两地不仅一衣带水，而且血浓于水。在台湾岛上繁衍着众多的兴化人，在高山族中还有几个社通用兴化话。清乾隆范咸《重修台湾府志》载：彰化县"南社、猫儿干二社番，其祖兴化人，渡海遭飓风，船破漂流到台，娶番妇为妻。令其子孙婚配皆由其父母主婚，不与别番同"。有关这方面的记载，也见于周玺的《彰化县志》，该志卷十一载："猫儿干、南社社番，有说兴化话者，想系兴化人入社所传。"至今，台湾彰化县的南社和猫儿干社番的高山族还住"兴化厝"，讲"兴化话"。

莆田人迁移台湾的人数与福、漳、泉和客家地区相比，规模较小，清代《小琉球漫志》载："台地居民，泉漳二郡十有六七，东粤嘉、潮二郡十有二三，兴化、汀州二郡十不满一，他郡无有。"回顾整个迁移历程，大致可以分为4个阶段。

1. 宋朝时期：萌芽阶段

北宋时期就有一些莆田人自发迁移到台湾的澎湖，他们带去了早期的莆田文化，成为莆田文化在台湾传播的使者。据台湾《林氏大宗谱》记载："北宋初，北方流民涌入莆田湄洲沿岸，林默造木排渡难民往澎湖定居求食。"北宋初，莆田的商品经济已相当发达，经济的发达促进莆田沿海一带造船业和航海业的兴起和发展，兴化人民开始与台湾进行贸易往来，瓷器、荔枝等物品相继输入台澎地区。台湾地区出土了许多宋代瓷器、钱币等文物，其中有在澎湖采集到的兴化军庄边徐州等窑的青瓷。宋嘉佑四年（1059年）成书的蔡襄《荔枝谱》记述：福州、兴化、泉州、漳州四郡的荔枝，"其东南舟行新罗、日本、琉球、大食之属，莫不爱好，重利以酬之"。这里的"琉球"说的就是当时的台湾。伴随着贸易往来，有兴化人开始移居台湾，但这个时期的移民基本上是零散自发的行为，而且大部分是来往于两岸的商民和渔民，真正定居从事垦殖者为数甚少。

2. 明朝时期：发展阶段

在诸多因素的推动下，明代莆田人移居台湾的人数不断增加，形成一定的规模。一是莆田与台湾之间航线的开通。明朝初年郑和率船队七下西洋，多次到湄洲祖庙朝拜妈祖，并在台湾南部"汲水"，从此开通了莆田至台湾的航线。二是隆庆起朝廷开放海禁，兴化人民从田园生活中重新呼吸到海洋文明的新鲜空气，他们义无反顾，走向海疆。三是郑芝龙集团在台湾招垦，兴化人民纷纷东渡，如仙游县罗峰傅氏26~34世共迁居台湾8人，主要定居台北大加呐堡、岬尾13番户、台南、淡水等地。四是随郑成功入台，如王士玉、郑郊、黄骧陛、李俊、唐氏女等人。这一时期莆田人迁移台湾是有组织的，如明末莆田县忠门镇铁灶村的俞氏移居台湾桃园县观音乡，人口众多，自成村落。

3. 清朝时期：兴盛阶段

更大规模的莆田人迁台则出现在清朝。这在史志记载、交通往来和寺庙建筑上都可以得到证实。蒋毓英《台湾府志》记载的12名开台勋臣中，兴化将官就占有3人：吴英、朱天贵、林葵。黄叔璥《台海使差录》载,康熙末年"海船多漳泉商贾，贸易于兴化则载杉板、砖、瓦"。莆台往来的便捷可见一斑，这也是促使莆田人民大规模迁台的重要推动因素之一。从寺庙建筑看，鹿港现存最古老的妈祖庙——"兴安宫"，创建于清朝康熙二十三年（1684年），是兴化移民在台湾鹿港地区最早建立的一座妈祖庙。当时，已在鹿港定

台湾鹿港的"兴安宫"是鹿港地区现存最古老的妈祖庙

居的兴化府周、苏两位族人，为感念妈祖庇佑，祈求族人兴旺安宁，将顺治年间从湄洲祖庙恭请来的分灵妈祖立庙祭祀。至兴安宫建设时，兴化人在南鹿港地区日益扩大，兴安宫成为兴化人重要的宗教信仰和社区生活中心，康熙中叶后更为繁荣。另外一座是大甲镇澜宫，建于清乾隆三十五年（1770年），供奉湄洲人林永兴雍正八年（1730年）从湄洲带来的妈祖像，是台湾北部历史悠久的庙宇之一。早期的移民到台后，会把从家乡迎请来的最威灵显赫的神明作为保护神，供奉在临时性的草屋或私宅中，等到开拓有成，再集资建寺庙。清朝时期，台湾地区"兴安宫"、"大甲镇澜宫"已颇具规模，反映了莆田移民在台已逐渐稳定下来，开始形成固定聚落，并进入兴盛时期。

4. 二十世纪后：再度繁荣

台湾光复后，莆田民众入台人数众多。被派驻台湾接收工作的莆田人有一百多人，其中有林秀乐、唐守谦、张兆焕及张承璜等人。还有几百个莆田人入台接管警政，如涵江监警45人于1947年6月被调入台。此外，莆田人入台求学、就业、谋生的人员也很多。如1947年农历八月十二日，忠门镇梯吴村有44人租船渡台定居，此后亦有不少人迁台定居，前前后后忠门人去台的有三百多人，主要聚居在台北市。至1949年，迁台的莆田人共有六千多人。改革开放以来，莆田市居民有三百多人与台胞通婚，一百多人赴台定居，莆田市籍台胞回乡寻亲谒祖的近3万人次。20世纪80年代后期,莆田市区有一条"台湾街"，这条新开发的道路两旁的商品房，必须是台胞或在莆台属用从台湾寄来的资金才能购买，从而形成富有特色的一条街。从莆田的老百姓称这

条道路为"台湾街",也可知莆台亲缘关系之深厚。到2011年,莆田市籍的台胞、台属共有四十多万人。

第二节 莆田移民在台湾的生存与发展

1. 莆田人在台湾定居分布情况

兴化先民到台湾后,大家依靠乡亲关系,依照在家乡的居住传统,形成许多同乡聚居的村庄,并把思念家乡之情,寄托在所建的新聚落地名上,出现不少冠以故乡的地名,即冠籍地名,如兴化廊、兴化厝、兴化寮等。也有以同血缘关系结合成一个聚落或聚落的一部分,形成冠姓地名,如兴化厝中又有林厝、苏厝、宋屋等。

兴化移民主要定居地

冠籍地名	所在地
兴化庄	今彰化县东螺保
兴化廊	今嘉义县中埔乡、屏东县万丹乡
兴化厝	今云林县麦寮乡
兴化厝庄	今高雄县大树乡
兴化坑	今基隆市七堵区数一里
兴化寮	今云林仑背乡、台两乡,高雄、屏东、台南
兴化店	今云林北港镇、台北县、淡水兴仁里、台南龙崎乡大坪村
湄洲里	今高雄县义山
兴安里	今屏东县万丹乡等
兴化	今高雄
兴化街	今鹿港
兴化里	今淡水
兴安村	今万丹乡
兴华村	今云林麦寮
宋屋乡	今台湾桃源县

2. 莆田人在台湾的生活情况

在台莆田乡亲分布宝岛各地,无论从事何种职业,他们都以自己的勤劳和智慧，积极参与当地的建设，为台湾开发与社会发展作出贡献。

带去先进的手工业技术。莆田移民在入台之初，当地在政治、社会上占优势地位的社会成员限制了他们的活动范围与就业机会。在一些行业被禁止涉足的情况下，他们开始在莆田传统特色行业领域寻求发展。如蒸笼业，明清时兴化府的竹器、藤器远近闻名，特别是忠门老百姓制作的蒸笼。忠门人中有一部分移居到台湾盛产水藤的地区，从事扎制蒸笼的营生，至今他们的子孙后代仍有人在台湾经营这种生意。又如制糖业，明正统时兴化府推广郑立磨的制糖工艺，这种技术随着莆田人移居而传播到台湾。清代台湾手工业以制糖为主，屏东万丹乡有叫兴化廍的，"廍"即是炼糖场所的称呼，可见当时兴化先进的制糖工艺对台湾糖业的重要性。

影响当地的生活习俗。随着莆田人的迁入，莆田许多生活习俗也逐渐成为当地社会生活的一部分。如以红色为瑞风俗，莆田习俗崇尚红色，逢年过节，妇女都要穿红衣服，馈赠给亲友的食物，上面要放置一小块红纸，或用红线红绳捆扎，以表吉庆。如丈夫、公婆都过世，则只能穿蓝黑衣服。这种习俗也影响到台湾，"台湾以红为瑞，每有庆贺，皆着红裙，虽老亦然。嫠妇侧室，则不得服"。

3. 莆田人在台湾的内部凝聚和与当地人融合情况

广大莆田移民背井离乡，跨越海峡，他们所面对的，不仅仅是再建家园的奋力拼搏和茹苦含辛，还有各种预想不到的移民组合之间复杂的矛盾与冲突。在这艰难辛酸的历程中，把以同乡为基础的各种组织作为重要依靠，无疑具有积极的现实意义。

在早期，他们大多以家乡的妈祖庙作为聚集地来加强同乡联系。无论台湾社会结构、社会环境如何发生变化，妈祖信仰者都是有增无减，对台湾社会产生诸多影响。来自妈祖故乡的广大莆田移民，他们在台信仰妈祖的特点，归结起来主要有两个，即祖姑意识和本土认同。"祖姑意识"是莆田移民血液中根深蒂固的一份不可违逆的精神归依。对赴台莆田移民来说，妈祖不仅是平安渡海的保护神，而且还是他们披荆斩棘、战胜困难、开发建设海岛的精神支柱。在此过程中，广大莆田移民追本溯源的文化心理在妈祖信仰身上折射出来，形成特有的自己人保护自己的"祖姑意识"，他们亲切地称自己家乡的神明妈祖为"祖姑"（莆田方言"姑奶奶"的意思）。无论是在海上遇险，大呼"祖姑保佑"；还是在田间劳作，习惯将小孩托寄祠宇，托"祖姑"庇佑，这种意识都有生动淋漓的体现。每逢妈祖诞辰纪念日、妈祖逝世纪念日、元宵节等，广大莆田移民都要举行相关的纪念活动，供奉牲醴，演戏酬神等，并衍化为生活中的一种风俗习惯。广大莆田移民通过"祖姑意识"这种力量强化对"此在"的本土认同。在台湾有众多不同的乡土守护神，但妈祖却得到普遍信仰，根据清朝吴子光所著《台湾纪事》记载，"闽粤各有土俗，自寓台后已别成异俗，各立私庙。如漳有开漳圣王、泉有龙山寺、潮有三山国王之类。独天妃庙，无市肆无之，几合闽粤为一家焉"。于是，广大的莆田移民依靠妈祖这个共同信仰，积极参与各种妈祖活动，并以此为载体，团结各地移民，融入闽南人、客家人群体，融入台湾社会，在促进共同繁荣中谋求自身生存和发展。

后来，随着形势发展变化，为了更好凝聚同乡力量，更好融入当地社会，成立了各种同乡组织。这些莆田移民组织建立在同乡关系之上，它的存在发挥着各种功能，是移民联系家乡的重要纽带，是培育移民族群观念的场所，是移民与环境之间的缓冲器，也起着推动移民与当地社会融合的作用。在同乡组织中，人们可以操乡音、叙乡情、观乡戏、食乡味、循乡俗、拜乡神，对于旅居异乡者来说，这里是故乡与客地再好不过的过渡地带，也是他们缓解初至陌生地方而产生的紧张压力、学习摹仿新的生活方式的区域。如台北莆田同乡会，积极发动乡亲行善义助，鼓舞乡亲奋力打拼。还与世界各地莆田社团及乡亲保持密切联系，结下深厚友谊。

频繁的交往促进了人们情感的交流，有助于形成共同的心理和"兴化人意识"，从而构成了整个区域人们的内聚力。在这一过程中，乡土观念、民族意识、爱国情感得到有机统一。

第三节　莆田婚育习俗在台湾的传播与发展

莆田婚育习俗也在台湾生根发芽并与当地习俗互相渗透影响。

婚俗方面，余文仪《续修台湾府志》卷十五《番社风俗》中说，兴化府人渡海到台后，娶高山族妇女为妻，随后"令其子孙婚配，皆由父母主婚，不与别番同"。范咸《重修台湾府志》也有更具体的描述：彰化县"南社、猫儿干二社番，其祖兴化人，渡海遭飓风，船破漂流到台，娶番妇为妻。令其子孙婚配皆由其父母主婚，不与别番同"。这是兴化人改变高山族婚姻习俗的典型事例。在台湾，男女双方经媒人介绍，父母做主，见面后如有爱意，互送庚帖（生日月），"三日内家中无事，然后合婚"。嫁娶之前，新郎、新娘都要修饰面容，俗称"上头"，既是为了装扮，也是成人的标志。新郎主要是剪发、剃脸，新娘一般是请福寿双全的"好命"老妇来梳理头发、加簪、插花，还得请有经验的"好命人"进行"开脸"。婚礼中，忌寡妇或服丧的人在场，谓"见刺"，不吉利。结婚后四日或七日（莆田为三日），外父母请婿及女，名曰"旋家"（莆田谓"请儿婿"），"请儿婿"时必须由娘家弟妹到儿婿家"请"。据台湾杨炯山先生研编《最新婚丧喜庆礼仪大全》说，女子婚后第一次走娘家曰"归宁"，又称"归省"，由女方娘家以柬帖方式敦请新婚夫妇归宁，如无柬帖则礼貌上由娘家兄弟前来邀请亦可。归宁时间为婚后第二天起哪一天均可。又载，迎亲礼俗中，新娘进夫家厅堂时，公婆不宜在厅堂上，俗称会冲煞到。这与莆田同俗，莆田嫁娶前，新郎、新娘也要"上头"，新娘到男方家门时，不仅公婆要回避，兄弟、姑嫂也要回避，并熄灭灶膛里的柴火。意为"新娘入门无火气，亲人不犯轿头冲"，以后全家就会和睦相处。而归宁时间为婚后第三天，与台湾现行礼俗完全相同。

生儿育女方面也是这样。莆田人喜欢生男孩子，喜欢多子多福、养儿防老；莆田人妇女怀孕的禁忌，坐月子的习俗，出月、坐四月、对晬的风俗等，在相当部分台胞中，仍保持着家乡的风俗习惯。特别是莆田人尊奉的妈祖、临水夫人陈靖姑，在台湾有着广泛的影响。据了解，台湾现在有妈祖宫庙上千座，主供陈靖姑的庙也有四百多座，特别是陈靖姑的"亲子"信俗文化，至今还影响着台湾人的婚育行为，成为了海峡两岸人民沟通交流的重要细节。

教育方面，莆田历史上曾有一批文化层次较高的人在台湾担任教职，他们在台湾从事的是文化上的拓垦，对台湾教育的影响颇为深刻。如清康熙四十四年（1705年），莆田人、福建水师提督吴英在台南安平建东安坊书院。康熙末雍正初，仙游钟山谢氏后裔天柱，任职凤山县儒学；台湾人张飞任仙游县教谕、江琳任莆田县教谕；丁莲由兴化府教授调任台湾府教授。这些都在一定程度上促进了莆台两地教育的发展与交流。雍正年间，进士、莆田人俞荔主持台南海东书院，首创进士掌教台岛，大振台郡文风。兴化知府张嗣昌升任台湾道时，于清雍正十二年（1734年）决定台湾番社设社师教番童，由各县学的训导按季考察教学质量。这些莆田士人与兴化官员对台湾的教育事业尽心尽力，他们把莆田地区比较先进的教育规制、经验移植到台湾，极大地推动了台湾教育的发展，尤其是促进了高山族的汉化教育。调任台湾任教谕的李钟德，到台湾任教的唐山、宋际春等人甚至殉职宝岛。他们对台湾教育的贡献，曾曰瑛的《白沙书院示诸生（时书院新落成）》诗作有如实的评价："敢因小邑废弦歌，讲苑新开事切磋。谁谓英才蛮地少，原知高士海滨多。文章大块花争发，诗思渊泉水蹙波。他日应知化邹鲁，好从断简日编摹。"

第四章

婚育新风筑起幸福路

第一节 现代婚嫁礼俗

旧时，男女婚嫁都由"父母之命、媒妁之言"才能办成，青年男女完全没有婚姻自主权，有的只是一套烦琐的礼仪，且民间信仰色彩浓厚。每对男女成婚都要例行"相亲"、"断八字"、"定聘"、"择日"、"催妆"、"送嫁"、"上头"、"迎新"、"拜堂"、"出厅"、"闹洞房"、"换花"、"回车"等一整套仪式。

岁月沧桑，时光流逝，时过境迁。新中国成立后，随着社会风尚的演变，人们对那套烦琐的婚嫁礼仪习俗观念逐渐趋于淡化。《婚姻法》颁布施行，提倡一夫一妻婚姻制度，男女自由恋爱，婚姻自主，一经双方同意并达到法定婚龄，就可到当地民政部门办理结婚登记手续，即成为合法夫妻，婚姻关系受法律保护。自由恋爱、自主婚姻早已普及，很多人是靠父母、亲戚、同学、好友、老师、师傅等人的介绍或工会、团组织举办的联欢会、游艺会、舞会、茶话会相识相恋结婚的。通过广播电台、电视台、网络等媒体征婚和婚姻介绍所寻找恋爱对象的人也越来越多。人们在办理结婚登记手续后，一般还尊重地方习俗，举办婚礼仪式，宴请亲朋好友，欢天喜庆一番。婚礼多选择元旦、春节、五一、国庆等节假日举行，新人在饭店准备酒席招待亲友。席间，新郎、新娘向来宾依次敬酒，客人和长辈们回说祝贺的话。宴后散发喜糖。而且内容、习俗呈现出中西合璧、传统和现代相互渗透、紧密结合、丰富多彩的特点，如赠送结婚戒指，新娘着白色婚纱，新郎着西服，设置伴娘等。汽车（轿车）迎娶已成为普遍现象。迎娶汽车漂漂亮亮，喜气洋洋，车身上缀满鲜花，车窗玻璃上贴上大红的"囍"字，称为"花车"。花车在大街上疾驰而过，吸引行人驻足观望，成为一大景观。还有的追求婚礼的新颖独特，以给宾客及自己留下难忘的记忆，着古人服装，以花轿迎亲。沿用的习俗也有所变异。撒帐多用糖果和彩色纸屑抛撒。拜堂行鞠躬礼，喝交杯酒搬到了婚宴上。闹新房主要是向新人表祝福，也包括喜宴上的闹喜，如让新郎、新娘接吻、吊吃果糖，年轻人搂抱新娘与之合影，要求新郎新娘介绍恋爱经过。这类婚礼仪式也不断随着时代的发展而发展，如举行集体婚礼、植树婚礼、庆典婚礼等。集体婚礼的新人们有的还向贫困学子捐献爱心善款，将爱的真谛升华；有的种植象征爱情长存的"爱情树"，以铭记一生中最美好的记忆。有的人还选择旅游结婚等仪式，可以说，在现代社会婚礼仪式，不拘一格、自由度较大，只要男女双方乐意就可以。

但在广大农村，经济的发展还没有使农村完成从传统乡土社会到现代社会的转型，婚俗在发生变异的同时，也保留了相对的稳定性。变异之处，主要体现在现当代婚礼与传统六礼的标准样式的差距逐渐增大。例如订婚、迎娶仪式趋向简单，婚礼形式渐渐多样，农村中偶尔也能看到旅游结婚的新风尚；婚姻论财之风也大大盛于从前，大肆操办婚礼的风气日渐炽盛；洞房中"送房兄"做经文的赞句也加进一些新词语，如"一对红心向四化，两双巧手绘新图"、"喜看两人成佳偶，优生一个树新风"等。总体来看，婚俗文化发生的变化更多地体现在表层现象上面，比如嫁妆的内容越来越多地和现代社会的发展关联了起来。在深层观念上，可谓是变化缓慢。人们举办婚礼，仍会考虑诸多的禁忌，无论是吉期的选择还是仪式的具体执行，求吉的心理仍然延续下来。虽然传统的"包办婚姻"随着社会、历史的发展趋于消失，代之而起的是青年人的自由恋爱（有时拉来一个媒人，也只是为了满足仪式的需要而已），但仍然是父辈掌握具体仪式的实施，而老人身上又铭刻了更多更深的传统烙印。因此，这样所举办的婚礼当然以传统婚俗为主。透过这些保留的传统结婚礼仪，可以看到新时代的内容，如：

1. 上头。即是为新郎、新娘行"上头礼"。有的地方是女到男家上头，有的是各自在家上头。先是在厅堂上或厨房中，摆列祭礼，然后请乡间有名望的人，或三代同堂以上的富贵人家的家长，为新郎、新娘行冠礼。其仪式：上香、献茶；新郎、新娘各行"上头礼"。礼毕，喊赞句：

例一：今夜上头灵鸡啼，才郎淑女两相宜；
　　　今生匹配成佳偶，男欢女爱好无比。
例二：今夜上头喜苍苍，有缘男女结成双；
　　　夫妻好合鱼得水，举案齐眉效孟光。
例三：今夜上头乐融融，广阔天地在农村；
　　　粮食丰盈林果茂，农业生产出英雄。
例四：三梳头发满房香，风度翩翩好栋梁；
　　　自爱自强长励志，白头偕老美鸳鸯。

2. 挂表轴。按本族内的辈分给新郎命名是为"字"，写上表轴。格式如下：

行兴文
第　献
一邦字

说明：新郎名文献，他在族内属"兴"字辈，取"邦"字与"兴"字合为字兴邦，且在"兴"字辈中排行第一。则表轴内容如图所示。另如有的辈分中人数较多，不知排行第几，一般用"行庆余"表示即可。

挂表轴，必须请有名望的人或四代同堂的家长主持，把表轴挂在厅堂墙壁上，同时放鞭炮喊赞句。

赞句：

例一：挂起表轴红又新，男欢女爱结同心；
　　　孝敬双亲家庭好，夫妻和合鼓瑟琴。

例二：挂起表轴庆明时，才郎淑女会佳期；
　　　优生优育人才出，承前启后耀门楣。

例三：表轴堂皇字号嘉，齐家报国众人夸；
　　　喜迎淑女当佳妇，乐庆奇男已建家。

3. 拜堂。新娘轿到新郎家门首，新娘出轿后，由喜娘和两个孩子（须父母健在）引入厅堂拜堂（亦称"交拜"），交拜在鼓乐和鞭炮声中进行，先拜天地，再拜祖先，最后夫妻对拜。拜堂礼毕，司仪喊赞句。

例：合卺交杯喜洋洋，厅堂龙凤共呈祥；
　　且喜今朝行婚礼，举案齐眉百年长。

4. 送孩儿。洞房之夜，素与新郎相好的亲友，组成送孩儿班，来到洞房送孩儿。为首的提一对灯笼（称为"麒麟灯"和"鸾凤灯"，为结婚专用），接着第二个捧孩儿盘，盘中放着塑料孩儿、糖果、花生等。沿途欢欢喜喜地喊着赞句，大家赞好！还有十音伴奏，涌进洞房。

如赞句：

　　　　一对烛火笑微微，亲戚朋友送孩儿；
　　　　蓝图再展党指路，改革开放志不移。
　　　　二盏麟灯照四方，开国领袖毛泽东；
　　　　英明领导新中国，五星旗帜放金光。
　　　　四代领袖都有功，人民乐享物质丰；
　　　　中华崛起迈巨步，万众雄心壮志同。
　　　　四季花开美江山，港澳收回全民欢；
　　　　奇耻百年尽洗雪，统一台湾可期待。
　　　　五朵梅花雪里开，大小邻邦建交来；
　　　　平等互利五原则，世界多极道路开。
　　　　六一儿童歌舞连，天真活泼乐无边；

高攀科技学赶超，建设国家是中间。
七一党诞尽开颜，万里长征只等闲；
开天辟地称第一，继往开来今朝人。
八月中秋分外圆，琴瑟和鸣情意融；
生男育女才貌美，讲究科学出凤龙。
九九重阳颂老年，宣传尊老又敬贤；
孝顺父母儿女责，幸福美满好家庭。
十番八乐伴高歌，文明门第喜事多；
少生优育欣致富，小康生活乐陶陶。

5. 撒帐。撒帐时，把五谷种和铜钱等物，一把一把地撒向床铺，让床头的一群孩子争抢，象征子孙贤、家业昌。撒帐时，喊赞句。

撒帐撒帐东，花烛映洞房，今宵鹊桥会，淑女配才郎。
撒帐撒帐西，一对好夫妻，佳偶成凤缔，鸾凤碧梧栖。
撒帐撒帐南，三更齐笑谈，蜜忆恋爱史，花好月圆间。
撒帐撒帐北，新人喜苍苍，家业共合计，传后细商量。

随着社会的和谐发展，随着社会风尚的不断演变，随着社会文明风尚的革新推崇，这些尚存的礼俗正逐步简化，向着文明健康的方向发展，继续影响着人们日常生活的许多方面，蔚然成为一代新风。

第二节 以人为本的保健工作

1. 卫生保健

新中国成立以前，莆田妇女地位低下，长期受"男尊女卑"思想的束缚，在生殖保健方面没有保障，往往有病不敢讲，有疾不去医，生理上的疾病被视为"恶疾"，孕产期用品被视为"污物"，不能公开洗晒。妇女多文盲，缺乏卫生保健知识，往往染上急、慢性妇科病造成不孕或其他残疾，抱恨终身。

新中国成立以后，政府重视妇女卫生保健工作，开展妇女"五期"（经期、孕期、产期、哺乳期、更年期）保护、妇女病普查普治和推行新法接生等，随着卫生文化知识的普及，新型家庭关系的建立，妇女健康水平不断提高。

1951年起，莆田境内女职工享受国家规定的劳动保护待遇。女职工产假期56天，难产妇女的产假再延长15天，流产假期15天。1989年开始，晚婚晚育的女职工产假延长至6个月，工资照发。

1952年，莆田境内组织医务人员深入农村，广泛宣传妇女"五期"卫生保健知识。1958年莆田两县推行"三调三不调"劳动制度，即月经期调干不调湿；怀孕期调轻不调重、调直不弯；哺乳期调近不调远。同时，部分企业也设立了更人性化的制度。如20世纪60年代初，莆田县城关搬运站在女工中推行"三色挂牌制度"，即经期、孕期、分娩哺乳期分别以3种不同颜色作为标志显示，领导根据不同情况分配工种。月经期不下水、不走远路、不做重活；孕期不做夜工、不走远路、不做弯活重活；分娩哺乳期给假保证婴儿4小时内能哺乳一次。1984年，莆田糖厂制定妇女"四期"保护制度，孕期、哺乳期工种调轻，孕后7个月至分娩一周内，实行留职减薪度假，假期工资65%，痛经者给休假，有妇科病者免费治疗。市、县区妇幼保健机构建设力度不断加大，乡镇卫生院及社区卫生服务中心专职妇幼保健人员配备率达100%。如今，莆田妇女保健工作进入到一个新的发展阶段，截至目前，莆田市已拥有各级医疗机构1 128个，随着医疗保障体系的不断健全，越来越多的育龄妇女的健康权得到了保障。

2. 免费婚检

2003年国务院颁布实施了新《婚育登记条例》后，把"婚检"的选择权交给了结婚当事人，这体现了国家对公民权利的尊重，是法制和社会的进步。但由于许多群众对婚前检查认识上的偏差，莆田市的婚检率由2003年的55.45%下降到2004年的1.38%。随着婚检率的下降，大量漏检失查，影响优生、优育和危及公共安全的疾病得不到及时的发现和处理，出生缺陷发生率呈逐年上升趋势。以2007年为例，莆田市出生缺陷新生儿197人，比2003年取消强制婚检前增加了133人。同时，因妊娠合并症而死亡的间接孕产妇比例也逐年上升。

2007年，莆田市研究、制订了推进全市免费科学婚检的工作方案，建立了免费婚检的财政补助机制和部门目标责任制，投入一百多万元，对市妇幼保健院婚检中心进行重新装修，更换X光机、血球计数仪、尿十项检测仪等设备；设立仙游县妇幼保健院艾滋病初筛实验室；在区妇幼保健院开通"一站式"免费婚检项目等，并加大免费婚检的宣传力度。从2008年2月起，莆田市等级婚检率持续保持在100%的水平，新生儿出生缺陷率大大降低。

3. 住院分娩

清光绪年间（1875~1908年）西医传入后，开始有新法接生，教会医院设产床，接受临产孕妇住院，但未普及。旧时孕妇分娩，尤其在农村，多由"产婆"土法接生，她们缺乏产科知识，又无专用器械，多采用坐、跪、蹲等不科学的姿势分娩，用剪刀甚至破碗片割脐带，用铁秤钩取胎盘，常常引起感染，或造成大出血、产褥热、子宫脱垂、尿瘘、破伤风等严重后果，产妇的性命是"一手倚床沿，一手倚棺边"，新生儿死亡率较高。

20世纪50年代，莆田境内大力宣传新法接生。1951年，举办接生员轮训班（包括改造旧产婆）。1958年，莆田两县实现乡乡有接生员，普遍在农村推广新法接生。至1985年，莆田县共培训32期1 066人（包括旧产婆350人），复训9期203人。通过培训，接生员基本掌握产前检查、临产接生、产后护理、新生儿窒息急救等医护技术，部分卫生员还能掌握计划生育的上环、取环技术，接生员经过考核及格者发给结业证书。是年，基本上实现每村都有1~2名接生员。随着住院分娩人数增加和新法接生率的提高，新生儿破伤风发生率和产妇死亡率显著下降。1981年起，莆田开始实行孕产妇系统管理率，对孕产妇进行全面监控；2009年，莆田市又建立了孕产妇住院分娩补助制度，每个参加新农合的产妇住院分娩除按新农合比例给予报销补偿外，还能再享受400元的补助。目前，莆田市拥有三级医院两家，二级医院9家，乡镇卫生院41家，形成了完善的医疗卫生体系，群众对住院分娩的安全性、可靠性有了明确的认识，孕产妇和新生儿的健康得到了有力的保障。2010年全市孕产妇系统管理率84.27%，婚前医学检查率、高危孕妇的筛查率和住院分娩率均达100%。

第三节　关爱女孩

在莆田传统婚育观中，"重男轻女"、"传宗接代"的观念十分浓厚，婚房要挂灯（莆田方言"灯"、"丁"同音，添"灯"即添"丁"，"丁"就是男孩）、逢年过节要挂灯就是期盼家族、家庭多添男丁的一种体现。在农村，如果哪个大姓家族男人多，就显得强势，小姓的家族为了不落下风，也强烈希望多添男孩，从而造成超生、违法B超鉴定性别等伤害女孩权益的事件发生。

从2004年起，莆田市积极响应国家号召，开展关爱女孩行动，倡导男女平等、关怀女孩健康成长。政府加大利益导向力度，将独生子女户、二女户纳入免费享受农村新型合作医疗对象，实行中考加分和高中学费减免制度，加大对独生子女伤残死亡家庭扶助、造福工程搬拆迁补助，把计生家庭优先纳入农村养老保险制度，实施节育措施奖励、计划生育贡献奖励、计划生育家庭特别救助制度等。

同年，莆田市实施"六大工程"，进一步完善"少生奖励、困难救助、服务免费、政策优先、贫困扶持、养老保障"六位一体的计生利益导向机制。

1. 致富工程。市财政每年安排100万元，专项用于全市农村计生"二女户"发展生产的小额贷款贴息。

"幸福工程"宣传现场，图为工作人员在向广大群众分发材料

2. 安居工程。各县区为农村独女户、二女户住房困难的解决或改善住房条件和居住环境。

3. 成才工程。农村独女户、二女户高中学杂费全免，继续实行独女、二女毕业生中考升学加分和考上大学给予奖励、毕业生优先推荐就业等各种优惠措施。

4. 保障工程。把计生困难家

庭符合享受最低生活保障线的对象全部纳入低保，做到应保尽保，并在低保标准上有所倾斜；农村独女户、二女户的女儿和父母参加农村新型合作医疗，个人缴纳经费由各县区财政统一支付。

5. 亲情工程。各级各部门认真落实领导干部挂钩帮扶"二女户"、计生困难户，通过结对形式全方位帮助他们发展经济，解决家庭生活中存在的实际问题。

6. 幸福工程。发动全社会募捐，从省、市、县幸福工程组委会申请无息帮扶资金及各县区从征收的社会抚养费中划出5%，专项用于"幸福工程"，帮助二女户困难母亲发展生产，脱贫致富。同时，市、县区还建立了"生育关怀"基金，对遭受天灾人祸的计生家庭进行紧急救助。

据统计，"十一五"期间，莆田市共为3 210户计生困难户发放小额贴息贷款4 069万元；补助884户二女户解决或改善住房资金1 343万元；为七千多户农村二女户高中学费减免30%以上，低保家庭农村二女户高中学费全免；中考升学加分人数5 618名，考上大学奖励人数2 410名，发

图为接受奖励扶助的计生户

放奖金共238万元；5 120户计生困难户享受低保，发放低保金3 627万元，农村独生户、二女户33 168户免费参加农村新型合作医疗；各级各部门领导干部挂钩帮扶二女户1 351户；救助贫困母亲3 852户，投入资金1 625万元。

第四节 现代莆田人生育意愿

1. 新时期生育意愿

随着我国经济社会发展，莆田传统的生育观念、婚育习俗、婚育制度，以及和生育相关的知识等方面都发生了巨大的变化，生育文化呈现前所未有

的特征。一是生育目的变化。改变了以往结婚即是为了生育、为了传宗接代的传统观念。随着社会的发展和进步，结婚的目的是为了使男人和女人更加和谐、稳定、快乐地生活，为越来越多的人所接受，结婚与生育开始分离。二是人们对生育孩子数量的期望在减少，转变以往多注重孩子数量的观点。三是对生育孩子性别取向上，男孩偏好的思想得到一定程度的改观。虽然仍还有很多人希望生男孩，但以往男尊女卑、重男轻女的思想正在逐渐为人们所抛弃。四是对生育孩子的时间选择等方面的价值趋向也发生了明显的变化，早婚早育现象日益减少，人们开始重视优生优育优教。其次，随着社会转型的进行，人们的生育风俗习惯等方面也发生了前所未有的变化。一些陈规陋习，如子女的婚姻完全听从于"父母之命，媒妁之言"、"门当户对"、"童养婚"、"指腹婚"等正在为人们所抛弃。一些优秀的生育风俗习惯被继承和发扬光大，一些适应时代发展和社会进步生育风俗习惯，如男女自由恋爱、男到女家、集体婚礼、新事新办等正在蔚然成风。

2. 女性知名人物对生育意愿的影响

有史以来，莆田大地涌现出一批在福建乃至在全国都有一定影响的女性。例如，海神妈祖林默娘成神于莆田湄洲湾，而后传遍全国各地，甚至还传播到世界各地华侨华人社会；钱四娘作为莆田古代最大水利工程木兰陂的创建者，莆田民众对他们的崇拜一直延续到今，并深深影响他们的生育观念。

妈祖，莆田望族九牧林氏后裔，祖父林孚，官居福建总管；父林愿，宋初官任都巡检。在她出生前，父母已生过五女一儿，十分盼望再生一个儿子，因而朝夕焚香祝天，祈求早赐麟儿，可这一胎又是一个女婴，父母大失所望。就在这个女婴将要出生前的那个傍晚，邻里乡亲看见流星化为一道红光从西北天空射来，晶莹夺目，照耀得林里的岩石都发红了。所以，父母感到这个女婴必非等闲之女，也就特别疼爱。因为她出生至弥月间都不啼哭，便给她取名林默，父母又称她为默娘。林默幼年时就比其他姐妹聪明颖悟，八岁从塾师启蒙读书，不但能过目成诵，而且能理解文字的义旨。长大后，她决心终生以行善济人为事，矢志不嫁，父母顺从她的意愿。她专心致志地做慈善公益的事业，平素精研医理，为人治病，教人防疫消灾，人们都感颂她。她性情和顺，热心助人。只要能为乡亲排难解纷，她都乐意去做，还经常引导人们避凶趋吉。人们遇到困难,也都愿意跟她商量,请她帮助。生长在大海之滨的林默,还洞晓天文气象,熟习水性。湄洲岛与大陆之间的海峡有不少礁石,在这海域里遇难的渔舟、商船,常得到林默的救助,因而人们传说她能"乘席渡海"。她还会预测天气变化,事前告知船户可否出航,所以又传说她能"预知休咎事",称她为"神女"、"龙女"。

宋太宗雍熙四年九月初九,年仅28岁的林默与世长辞。妈祖一生在大海中奔驰,救急扶危,在惊涛骇浪中拯救过许多渔舟商船;她立志不嫁慈悲为怀,专以行善济世为己任。人们为了纪念她,尊她为海上女神,又名天上圣母、天王母后。北宋、南宋、

妈祖,又被称为"天妃"、"天后"、"天上圣母"、"娘妈",是历代船工、海员、商人、渔民、旅客信奉的神祇

元、明、清几个朝代对妈祖褒封达36次,封号从"夫人"、"妃"、"天妃"、"天后"直到"天上圣母",并列入国家祀典,从宋朝起至清朝,历代皇帝先后36次册封。

陈靖姑,她父亲陈昌是莆田醴泉半岛竹林村人,后到福州经商,与当地一位退隐林下的知府之女葛氏结为秦晋,在福州三界街下渡生下陈靖姑。陈靖姑出生时正值唐五代时期,面对社会动乱和百姓的苦难,她从小立志为民除暴安良,保护弱势的妇女、儿童,勤学本领,自强不息。36岁在福州斩蛇妖时献出了宝贵生命。陈靖姑生前曾与古田县临水村书生刘杞(又名黄演)结为秦晋,刘杞在宁德为官时,又随夫君到过宁德,年轻学道时,曾到过浙江,后来回原籍莆田东庄竹林村探亲时,又在家乡嵩山修炼一段时间,收有36名女将、72名玉女,并把36名女将修炼为36宫婆姐,专司保护妇女、儿童职责。因此,莆田民间一直把陈靖姑供奉为妇女、儿童的保护神。陈靖姑升天后,自唐至清,历受15次褒封,封号从"临水夫人"直至"顺天圣母"。她对莆田妇女的生儿育女一直有重大影响。

江采频,唐玄宗早期宠妃,她出生于莆田,家族世代为医。九岁时便能

诵读《诗经》，十余岁已长得花容月貌。开元十四年（726年），宦官高力士奉命到闽地选美，选中十六岁的江采苹，带回长安。唐玄宗一见她就以为仙女下凡，惊羡不已，倍加宠爱。江采苹酷爱梅花，喜欢赏花赋诗，先后作有"萧兰"、"梨园"、"梅亭"、"丛桂"、"凤笛"、"破杯"、"剪刀"、"绮窗"八篇赋文，在当地广为传诵。除诗文外，江采苹对棋、琴、书、画无所不通，尤其擅吹奏白玉笛、表演惊鸿舞，是一位才貌双全的绝世女子。唐玄宗对其美貌和才气深感欣赏，因此封她为梅妃。安史之乱，梅妃被进城的叛军所杀，死时年约46岁，玄宗作诗纪念："忆昔娇妃在紫宸，铅华不御得天真。霜绡虽似当时态，争奈娇波不顾人！"梅妃遇难的消息传回莆田，乡亲们兴建浦口宫供奉她，以为永久纪念。

"梅妃"江采苹，唐玄宗宠妃，后人尊为"祖姑皇妃"

钱四娘，长乐县民间女子，祖先是吴越王皇族的后裔，宋初迁居长乐，到钱四娘这一代时，她家仍是富豪之家。兴化平原（又称南北洋平原）在宋初仍是只长蒲草的盐碱地，要想把这万顷荒滩地变成万顷良田，只有在木兰溪上修建一条大陂。莆田百姓从唐代开始，就急切期盼早日修建木兰陂。北宋嘉祐年间，这里的老百姓饱受旱涝之苦，过着饥寒交迫和颠沛流离的生活。由于天旱人穷，严重制约着莆田的经济和文化教育发展。长乐距莆田有两百多里路，木兰陂建与不建，对钱四娘来说是一点关系都没有。但她为了拯救莆田一邑生灵免遭旱涝之苦，造福于民，以年轻女子之身，勇敢地承担起修建木兰陂的重任。为了早日筑成木兰陂，她毅然倾尽全部家资10万缗（相当于10万两银子）来到莆田造陂。在三年时间的造陂过程中，她带领广大劳动人民克服千辛万苦，任劳任怨，公而忘私，舍生忘死，直至奉献出自己年轻的生命。尽管钱四娘所建的木兰陂在刚建成时就被一场突来的洪水冲毁，但她的伟大精神，却深深地感染了林从世、李宏、冯智日和莆田广大人

木兰陂位于莆田市郊南门外4公里的木兰山下,建于北宋,是我国保存最完整的古代水利工程之一,为全国重点文物保护单位

民,因此,木兰陂在历经两次失败后,终于在北宋元丰八年(1083年)顺利建成。正是有了木兰陂,才有了兴化平原"鱼米之乡"和莆田经济的全面发展;也正是有了木兰陂,莆田的文化和教育,才得以取得突飞猛进的发展。自北宋至今,历代莆田人民都把这位中国历史上第一个治水造陂女英雄钱四娘当做莆田最优秀的儿女来纪念,并把她尊称为"钱媛"、"钱妃",历代文人学者歌颂钱四娘丰功伟绩和道德风范的诗文,甚至远远超过对莆田土生土长妈祖的歌颂。

林兰英,半导体材料科学家,莆田人,1918年2月7日,她诞生在明代嘉靖年间的南京御史林润故居里。

林兰英的降生,给林宅大院的上空蒙上了一层阴影,莆田这个"文献名邦"、"海滨邹鲁",孔孟之道氛围浓厚,人们最关注的是添"丁",生个男孩,而林兰英偏偏是个女孩,同样是女人的祖母说:"没用的东西"。这个"没用的东西"顶着世俗沉重的压力,

林兰英院士

冲破重重阻力,顽强地生长了。经过一番绝食斗争,家人批准林兰英上了砺青小学。后来保送进入砺青中学。而后又以优异的成绩,考入省立莆田中学高中部,成了当时高一年段唯一的一名女生,一年后转学到咸益女子中学,成绩一直名列前茅。1936年,林兰英又以优异的成绩考入了福建协和大学,

当时整个莆田县，女大学生屈指可数，这次，林宅大院充满了喜庆气氛，当年"没用的东西"成了林家的宠儿，母亲格外高兴，过去一切的委屈、忍辱负重化为乌有，为自己生了个女大学生而感到自豪。

为了攀登科学高峰，1948年8月，她远涉重洋到美国留学；1955年6月，成为美国宾西法尼大学建校215年以来第一个中国博士；1957年1月，几经周折抗争，回到了祖国怀抱。回国后先后负责研制成我国第一根硅、锑化铟、砷化镓、磷化镓等单晶，为我国微电子和光电子学的发展奠定了基础；负责研制的高纯度气相和液相外延材料达到国际先进水平。近年来，与兰州物理研究所达道安所长一道开创了我国微重力半导体材料科学研究新领域，并在砷化镓晶体太空生长和性质研究方面取得了世人瞩目的成绩。1980当选为中国科学院院士（学部委员），1996年获何梁何利科技进步奖，1998年获霍英东成就奖。

由于莆田许多知名传说和现实人物都是女性，所以莆田人在追求男丁的同时，并不排斥生女孩子，对他们来说，聪明的女孩子并不逊色于男丁。

第五节　计生宣传新载体

20世纪70年代初，全国开始大力推行计划生育，1978年以后计划生育成为我国的一项基本国策，使"晚婚、晚育、优生、优育"逐渐成为新时代人们的婚育新理念。但要让这项基本国策成为人们日常婚育中的自觉行动，仍有较大的困难，传统的婚育观念强调"多子多福"、"重男轻女"，尤其在农村地区，传统婚育观根深蒂固，单凭简单的执法来强行转变群众的传统婚育观念，必然会激起群众的不满。经过探索发现，以群众喜闻乐见的方式为载体，开展计划生育的宣传教育，是引导传统生育观念转变的一个好途径。因此，莆田市就出现了许多富有地方特色的计划生育宣传载体。

1. 莆田戏宣传

莆田的地方戏"莆田戏"是我国现存最古老的地方剧种之一，其历史悠久，源远流长，以莆田方言为唱腔，综合了莆田的民间歌谣俚曲、十音八乐、佛曲法曲、宋元词曲和大曲歌舞等艺术特点，迄今仍保留不少宋元南戏音乐元素，被誉为"宋元南戏的活化石"，千百年来在莆田大地上有深厚的群众基础，仍风靡莆田城乡。在莆田乡间、社区，几乎处处有戏台，逢年过节或迎喜庆吉，群众都要邀请剧团演出助兴。锣鼓声一响，周围的老少妇孺就纷纷涌向戏台。全市一百二十多个莆田戏剧团每年巡演场次可达六万多场，吸引观众达三千多万人次，可以说，莆田戏是目前莆田民间最流行的一种艺术形式。

2005年，借深入贯彻《公民道德实施纲要》之机，莆田市委宣传部、文明办、文广局联合下发了《关于莆田戏剧团加演公民道德现代小戏的通知》，在全市开展莆田戏公民道德现代小戏加演活动，明文要求各剧团在演出古装大戏前，加演一台富有教育意义的现代文明小戏。同时组织作者，鼓励他们深入生活，深入群众，大胆创作出一批较有质量的反映计生工作的莆田戏现代计生小戏、小品剧本，并编辑成册，分批无偿提供给各剧团排演，得到广大剧团的支持。由于题材来自社会现实生活，贴近平民百姓，再加上表演生动活泼，幽默诙谐，计生文明小戏也逐渐受到了观众的欢迎。

莆田戏计生现代小戏内容十分丰富，有反映群众转变婚育观念的《B超之后》、《醒悟》、《审胎记》等；反映关爱女孩的《红花开两朵》、《女孩不容歧视》、《生男生女都一样》；反映独生子女教育的《子女将来》、《母女情》、《和合图》；反映男到女家的《家和万事兴》、《儿女心》；反映反对暗婚、黑婚的《谁之错》；反映计生干部风采的《春风化雨》、《拜师记》、《计生走在前》等；反映生育关怀的《山村双飞凤》等。节目内容涵盖广，戏剧情节生动，说的都是发生在群众身边的人和事，人物刻画入木三分，表演形式又是群众喜闻乐见的莆田戏和小品艺术形式，有效地激起群众的观赏兴趣。如小戏《计生妹解包袱》中，在描写阿洪母这个稍带保守色彩的人物时，使观众看到，传男不传女的保守性并不是来自道德上的弱点，而是由和他们生活方式相联系的思想文化所决定的。他们的思想观念是旧一些，但在他们身上也存在一些质朴的人性美的东西。这就使广大农村观众易于接受，因为在中华民族的思想文化体系中，淳朴之美也是值得继承的传统美德。莆田戏计生现代小戏的创作者能够把握好现实感和历史感的交接点，建立比较

正在表演的计生文明小戏，不一样的内容吸引了众多群众前来观看

健全、合理的现代观念，在批判旧观念的同时，注意从历史的、民族的角度考虑问题，能从旧人身上看到一些美好的、值得继承的品质，在新人身上也能发现一些该擦掉的旧的灰尘，这既有益于对当前社会本质的正确表现，也有利于人物性格的塑造，起到了对群众进行道德规范教育，倡导文明新风的作用，在转变群众旧婚育观念中发挥了很好影响。

2. 文化中心户宣传

家庭是生产、生育的基本单位，村居（社区）又是许许多多的家庭组成的，具有相对趋同性的社会经济环境，村居（社区）文化直接影响着人们的生育观念、生育行为。所以，莆田市依托村居（社区）文化中心户在群众中开展零距离面对面的宣传服务活动，并形成了不同类型的文化中心户。

（1）以家庭为单位的文化中心户。如涵江区大洋乡陈梓笛家庭文化宣传队，集放电影、演文艺、当导游于一体，遇到哪个村有计生活动或谁家有喜事，一个电话联系，家庭文化宣传队准时而至，放映演出前，不忘上一段计生宣传。近年来，该中心户又创办"笛韵森林人家"，开发闽中红色旅游，大洋乡生态林、峡谷瀑布和景色旅游等，既丰富了山村群众文化生活，又进一步推动群众树立新的婚育观念。涵江区白沙镇坪盘村计生协会会长郑锦泉，1997年在教师岗位退休之后，办起农家书屋，将在即收藏的一千多册人口计生等各类书籍，长期免费对外开放，同时，社会各界，如福建省少儿出

涵江区大洋乡陈梓笛家庭文化宣传队成员正在表演节目

版社、莆田市关工委等还为该书屋捐赠图书，使书屋书籍不断更新，深受山区群众欢迎。

(2) 以社区为单位的文化中心户。如涵东街道新区社区的退休职工蔡玉英，她发动二十多位退休老人，自置道具设备，成立夕阳红计生文艺队，从文艺队创办那天起，蔡玉英大院成为排练基地，被人喻为"庭院剧场"。文艺队注重搜集身边的人和事，创作的板鼓唱、小品、小戏、十音八乐等一百多个节目，都在这里排练成功后，走向乡村，还参加省市老年人文艺汇演和市区"三下乡"巡回演出，连连获奖。在城厢区龙桥街道太平社区，文化中心户张维文，在教师岗位退休之后组织爱好文艺的老人，自置乐器，把家庭当做排练舞台，收集身边发生关于人口计生的人和事，创作宣传计生节目四十多个，在辖区之内或其他乡村演出。其他县区、乡镇也组织有计生文艺宣传队，他们常年在城乡宣传计生国策，受到群众广泛好评。

这些文化中心户和文艺宣传队都是传播婚育新风的志愿者，通过开展内容丰富，形式多样的人口文化

婚育新风宣传队的小队员们正下乡开展计生宣传文艺演出

第四章 婚育新风筑起幸福路

73

活动，宣传晚婚晚育、少生优生优教、生男生女一样好、女儿也是传后人、男女平等、计划生育丈夫有责等新型婚育观念，在一些计划生育工作基础差的地方，他们还注重宣传计划生育的政策、法规、避孕、节育知识和少生快富道理，在计划生育工作基础较好的地区，加强优育优教，增强自我生殖保健能力，提高家庭生活质量和讲求健康的生活方式的宣传，满足了广大群众求富、求知、求美、求乐和追求身心健康，优生优育，家庭幸福、社会和谐的愿望，在破除旧观念、树立新风尚中发挥良好作用。

3. 办刊、编书和书画宣传

随着人口计生工作的不断深入发展，为了适应工作需要，2007年12月，莆田市人口计生委和计生协会联合主办了内部计生月刊《莆田人口》，彩色铅印，每月一期。《莆田人口》是莆田市专门宣传人口计生的刊物，它面向各级领导、社会各界、基层计生工作者、志愿者和广大育龄群众，反映莆田市人口计生工作的重要部署、重大活动，开展有关人口计生法律、法规和政策的宣传咨询，人口计生理论和实践问题的研讨，宣传表扬人口计生工作的先进典型和先进事迹，交流推广各地开展人口计生工作的好做法和统筹解决人口问题的好经验，每期发行八千多份，图文并茂，是莆田市各级领导、社会各界、广大计生工作者、志愿者和育龄群众的良师益友。

《莆田市新型生育文化丛书》

1999年，由莆田市委宣传部和市计生委联合组织编写的《莆田市新型生育文化丛书》，是一次集中宣传新型生育文化的良好尝试。

丛书共分7本，分别是"人口与计划生育戏曲集"、"人口与计划生育故事集"、"农村新型生育文化演唱专辑"、"计生颂诗词集"、"计划生育灯谜集"、"计划生育楹联集"、"新婚礼经文集"，至今仍受到广大群众的喜爱。

2010年，是中共中央《关于控制我国人口增长问题致全体共产党员、共青团员的公开信》发表30周年，为了纪念这一重大的历史性日子，莆田市人口计生委、莆田市计生协会和莆田人大书画院联合举办了莆田市首个大型人口计生书画展，书画展共征集到有关计生的书画作品二百多幅，参加展出的近160幅，讴歌了三十年来我国人口计生事业所取得的非凡成就，从各个侧面反映了各条战线上共产党员、共青团员积极响应党的号召，反映了广大计生工作者、志愿者辛勤工作的风采和广大计生群众为国家民族的长远利益自觉做奉献的崇高风尚。入选的作品内容丰富、异彩纷呈，折射出强烈的时代气息和艺术魅力，为进一步宣传计生国策，推动人口计生事业深入发展产生了良好影响。

4. 楹联宣传

楹联又称"对子"、"对联"，是中华民族特有的语言艺术和书法艺术的结合体。莆田有众多楹联爱好者，他们扎根基层，在学习计生政策的同时，激发灵感，广开思路，精心构思，创作出数以千计的对联。这些对联既朗朗上口，通俗易懂，又深入地宣传了计生政策，每逢节日或计生宣传期间，计生部门总要下乡分发宣传，广受群众欢迎。

计生宣传的楹联有不同的形式，有短句、四字句、五字句、六字句、长联句、嵌字、回文等，如：

（1）短句

兴国计　行政策　环境美
保资源　利生存　寿星多
兴家业　优育好　家风正
重计生　独生强　教子严

（2）四字句

少生利国　优育宜家
计生为本　科教领先
青春宝贵　婚育文明

（3）五字句

计生家致富　优育子成才

立业成婚晚　兴家节育先
行千年大计　育一代英才
果多难饱满　生少质优良
少生招百福　优育纳千祥

(4) 六字句

春到计生宅地　喜临快富人家
立业先前途大　成婚晚好景长

(5) 七字句

晚婚晚育依国策　同心同德建家园
小康盛世计生颂　特色年华国策夸
晚婚夫妇百年乐　优育儿孙一朵花
生男生女皆龙凤　有德有才是栋梁
优生生出全家福　快富富来万户春
功居模范中心户　春满计生合格村
科技下乡栽富果　计生入户拔穷根

(6) 八字句

相爱夫妻玉堂焕彩　独生子女金马踏歌
晚恋婚姻三春得意　独生子女一代风流

(7) 长联句

事业未成　结婚何必早
家庭欲富　生育不需多

　　　　观历代　英雄未必全男子
　　　　看今朝　典范较多是女儿

(8) 嵌字

　　　　妙计良筹为报国
　　　　优生素志在兴邦
　　　　千年大计兴科教
　　　　万户优生育栋梁

(9) 回文

　　　　计生国策国生计
　　　　优育晚婚晚育优
　　　　计国兴隆兴国计
　　　　生民富裕富民生

(10) 合字

　　　　日月明故里　女子好当家

(11) 拆字

　　　　立潮头　妇道骑奇马
　　　　兴雅俗　男儿嫁女家

5. 诗词宣传

　　莆田文化底蕴深厚，自南朝陈永定年间郑昭公的15世孙郑露、郑庄、郑淑三兄弟"开莆来学"以来，莆田文风蔚起，骏彩星驰，涌现出14位宰辅、

12位状元、二千三百多名进士,被《四库全书》收录的莆田籍人士著作有38部650卷。如今的莆田,诗社文学社遍布城乡,文学爱好者数以万计,长年来精心创作了不少计生宣传的诗词,它们格律工整,生动活泼,雅俗共赏。节录如下:

福禄寿喜赞计生

福自计生来,花枝连理开。
椿萱欣并茂,兰桂乐栽培。
禄自计生来,少生优育哉。
培养高素质,家国栋梁材。
寿自计生来,阖家喜靥开。
子孙皆孝敬,笑饮紫霞杯。
喜自计生来,鸳鸯戏水偎。
小康人益寿,红杏出墙开。

(林文栋)

计生颂

一、莫道养儿不嫌多,勤劬龟勉苦身磨。
　　闲庭信步无缘享,陋室清汤又为何。
二、男勇女娇难比长,弄璋弄瓦又何妨。
　　今非昔日为防老,不必儿孙挤满堂。
三、桂香正好渡银河,岁月流金为国多。
　　心上明珠迟入掌,移风易俗唱新歌。

(邹哲鉴)

女子半边天

人间女子半边天,素质提高理应先。
共建神州多贡献,齐心议政谱新篇。

(陈明玉)

满庭芳　计生颂

控制人口，基本国策，历年成绩辉煌。干群团结，依法写新章。倡导晚婚节育，符民意，热烈宣扬。看形势，东风浩荡，好雨润花香。

优生，关大局，提高素质，战略眼光。幼苗精心培，造就栋梁，幸福家庭组合，盈门喜，如愿以偿。凯歌唱，层楼更上，起舞举壶觞。

（张加南）

结　语

　　莆田历史悠久，人文荟萃。千百年来，勤劳智慧的莆田人创造了丰富多彩的婚育民俗文化，它以传统婚俗、育俗、性俗为主体，包含了男婚女嫁、生儿育女、尊老爱幼、养老送终等多方面的内容。婚育文化虽然不登大雅之堂，但以其通俗化、趣味性、娱乐性和教育性，深深地融入人们的生活之中，为人们所钟情、喜爱，并一代又一代传承下来，成为中华传统文明的重要组成部分。

　　时代在进步，社会在发展，传统的婚俗礼仪也随着世事的变迁悄悄地变换着它的妆容。于是，有些古老的习俗消失了，有些习俗受到外来文化的影响，变得更加适合当今时代的需要。那曾经在莆田人心灵上留下烙印的东西一点点远离我们，变得模糊。

　　为了记录深深扎根于莆田人民生活土壤中的婚育民俗文化，展现原汁原味的莆田婚俗礼仪，我们从大量的文史资料、图片中选取了一小部分汇编成书。在此，对参与、指导、支持本书编撰的各个部门、各个单位的领导、专家表示诚挚的敬意！对提供材料的学者、摄影家表示衷心的感谢！

　　由于时间仓促，书中难免有遗漏及不足之处，恳请广大读者及专家学者不吝赐教。

参考文献

CANKAOWENXIAN

[1] （明）陈效修，周瑛、黄仲昭纂，蔡金耀点校：弘治《兴化府志》，福建人民出版社，2007年。

[2] 陈支平主编：《台湾文献汇刊》，九州出版社，2005年。

[3] 陈支平主编：《福建六大民系》，福建人民出版社，2000年。

[4] 陈光荣：《寻根揽胜兴化府》，海风出版社，2000年。

[5] 方宝璋：《闽台民间习俗》，福建人民出版社，2003年。

[6] 福建省炎黄文化研究会编：《莆田文化研究》，海峡文艺出版社，2003年。

[7] 高贤治、冯作民编译：《台湾旧惯习俗信仰》，台湾众文图书公司，1978年。

[8] 甘玉连、林金岱：《莆田文化丛书·民俗风物》，福建人民出版社，2003年。

[9] 甘玉连、林金岱：《莆田文化丛书·文化概谈》，福建人民出版社，2003年。

[10] 黄新宪：《闽台教育的交融与发展》，福建人民出版社，2003年。

[11] 黄岩孙：《仙溪志》，福建人民出版社，1989年。

[12] 黄仲昭：《八闽通志》，福建人民出版社，2006年。

[13] 蒋毓英等：《台湾府志三种》，中华书局，1985年。

[14] 金文亨主编：《莆田历史文化研究》，厦门大学出版社，1996年。

[15] 连横：《台湾通史》，商务印书馆，1983年。

[16] 林文豪：《海内外学人论妈祖》，中国社会科学出版社，1992年。

[17] 林国平：《林兆恩与三一教》，福建人民出版社，1991年。

[18] 刘大可：《闽台地域社会与族群文化新探》，方志出版社，2004年。

[19] 刘大可：《闽台地域人群与民间信仰研究》，海风出版社，2008年。

[20] 刘登翰：《文化亲缘与两岸关系》，九州出版社，2003年。

[21] 刘登翰：《中华文化与闽台社会——闽台关系论纲》，福建人民出版社，2002年。

[22] 刘如仲、苗学孟：《清代台湾高山族社会生活》，福建人民出版社，1992年。

[23] 刘福铸编著：《莆田方言熟语歌谣》，福建人民出版社，2001年。

[24] 罗永后、肖一平编著：《海神天后东渡台湾》，福建人民出版社，1987年。

［25］《罗峰傅氏族谱》、《莆阳康氏族谱》、《白塘李氏族谱》、《东汾郑氏族谱》等。

［26］吕良弼、汪毅夫：《台湾文化概观》，福建教育出版社，1993年。

［27］彭文宇、蔡国耀：《莆田文化丛书·海外交流》，福建人民出版社，2003年。

［28］莆田市政协学习宣传和文史资料委员会编：《莆田非物质文化遗产》，2010年。

［29］莆田县委宣传部编：《爱我莆田丛书》，福建人民出版社，2000年。

［30］莆田市地方志编纂委员会编：《莆田市志》，方志出版社，2001年。

［31］莆田县地方志编纂委员会编：《莆田县志》，中华书局出版社，1994年。

［32］徐鲤九辑：《九鲤湖志》，群力公司，1942年。

［33］许更生、林祖泉：《莆田文化丛书·兴教育人》，福建人民出版社，2003年。

［34］汪毅夫：《闽台缘与闽南风》，福建教育出版社，2006年。

［35］汪毅夫：《闽台历史社会与民俗文化》，鹭江出版社，2000年。

［36］王耀华主编：《福建文化概览》，福建教育出版社，1994年。

［37］章华英：《台湾民众的文化取向：兼论台湾的族群关系》，载乔健、李沛良、李友梅、马戎主编《文化、族群与社会的反思》，北京大学出版社，2005年。

［38］周宪文主编，台湾银行经济研究室编印：《台湾文献史料丛刊》，台湾大通书局，1984年。

［39］周雪香：《莆田文化述论》，中国社会科学出版社，2008年。

另注：本书部分选用网络资料、图片，敬请作者或照片当事人与本书著者联系。

后记

　　历时三年，《闽台婚育文化大观》（下称《丛书》）数易其稿，终于付梓。几年的耕耘和牵挂，终于让我们有了收获的果实。

　　2008年，国家人口计生委开展婚育文化学学科建设工作，委托各地相关部门对民族民系的婚育文化进行实地调查、分析整理文献资料，编写"婚育文化"丛书，发挥"存史"、"资政"、"育人"的功能，弘扬各地先进的优秀婚育文化。为此，福建省人口计生委成立编写小组，编写《丛书》。中共福建省委常委、副省长陈桦为《丛书》作序，福建省人口计生委原主任雍秀英、福建省人口计生委主任池秋娜任主编。在编写过程中，雍秀英十分关心编写工作，指示有关部门协调《丛书》编辑出版工作；池秋娜从婚育文化发展、婚育风俗改造、婚育新风建设等角度对《丛书》提出了重要意见；福建省人口计生委副主任游振伟审读了《丛书》各册书稿，提出了许多重要的修改意见；中共福建省委党校副校长、教授刘大可对整套《丛书》的体例和风格给予指导和规范，明确了写作大纲和要求，执笔撰写了《总论》部分，审阅了全部书稿，提出了具体的修改要求。

　　《丛书》以闽台婚育文化为描述对象，力图全景式地描述闽台婚育文化的历史渊源、传承和福建婚育新风建设进程，以婚育民俗角度诠释充满神奇魅力的闽台文化的新形象。我们在闽台传统文化中不懈耕耘，祈望通过本书的撰著，将闽台传统婚育文化较为系统、全面地展现，揭示其中华文化大背景下独特的文化意蕴，并进而滤出其精华部分，别除糟粕性因素，为婚育新风建设寻找更好的载体，为民众建构科学的婚姻观、生育观提供数千年历史发展积淀下来的宝贵资源，使当代人婚育生活更加美好。这套《丛书》能否达此目的，有待于广大读者的评判。

本书的编撰出版得到了福建省各级人口计生部门的大力帮助。中国人口出版社承担本书的编辑出版事宜，《丛书》的编辑们为本书的出版付出了辛勤的劳动。福建省人口计生委的陈厚銮处长，莆田市计生协会会长甘玉连，龙岩市人口计生委副主任谢国忠、宣传科长林宝珍，沙县人口计生局局长周灿松，柘荣县人口计生局陈宁，民间艺术家郑平芳对《丛书》的编辑出版工作鼎力相助。艺术界朋友踊跃赐稿，提供了许多精彩照片，使《丛书》图文并茂，大为增色。在此，谨致以衷心的感谢！

由于这是首套以分册形式较为系统、全面介绍闽台婚育文化的丛书，不足之处在所难免，我们真诚盼望读者批评指正。

《闽台婚育文化大观》丛书编委会